无题——

李商隐传

林泉——著

陕西师范大学出版总社

图书代号　WX23N2097

图书在版编目（CIP）数据

无题：李商隐传 / 林泉著. — 西安：陕西师范大学
出版总社有限公司, 2024.1
　　ISBN 978-7-5695-3733-8

　　Ⅰ. ①无… Ⅱ. ①林… Ⅲ. ①李商隐（812—约858）
—传记 Ⅳ. ①K825.6

中国国家版本馆CIP数据核字（2023）第123509号

无题：李商隐传
WUTI:LISHANGYIN ZHUAN

林泉　著

出 版 人	刘东风
选题策划	谢婧怡
责任编辑	陈柳冬雪
责任校对	焦凌
封面设计	弘果文化
封面绘图	东篱歌声
出版发行	陕西师范大学出版总社 （西安市长安南路199号　邮编 710062）
网　　址	http://www.snupg.com
印　　刷	北京中科印刷有限公司
开　　本	880 mm×1230 mm　1/32
印　　张	8
字　　数	154千
版　　次	2024年1月第1版
印　　次	2024年1月第1次印刷
书　　号	ISBN 978-7-5695-3733-8
定　　价	48.00元

目 录
contents

第一章
家门零落

中国古代，人们向来崇尚多子多福。如果一个家族人丁兴旺，自然非常令人羡慕。若是再出几个厉害人物，能够荫庇子孙后代，也就更是锦上添花。

非常不幸，李商隐的出身并非如此。早在他出生百年之前，李家就已经衰败了。

虽然说，往上细数，他们家族也曾辉煌过。他们的祖先是十六国时西凉君主李暠的第八个儿子。而唐朝皇帝李渊的祖先，正是李暠的第二个儿子。

由此可以看出，两家的祖先本是亲兄弟。并且，他们同属于陇西李氏。所以说，李商隐家和唐朝皇室，也算是沾亲带故。

李渊建立唐朝以后，自然忘不了自己的同族。当时，陇西李氏和河东裴氏、范阳卢氏、博陵崔氏并称为四大家族，风光一时。

然而，随着后代子孙绵延，开枝散叶，陇西李氏衍生出了数不胜数的分支。这些分支中，很多都变得默默无闻起来，其中就包括李商隐所在的怀州李氏。

陇西在如今的甘肃境内，怀州的位置大体在河南沁阳。甘肃和河南，以现在的眼光看，虽然隔得不远，中间还是夹了个陕西，在古代，也算有一段距离。对安土重迁的中国人来说，很多人也许一辈子都走不了那么远。

所以，自从李商隐的高祖李涉离开陇西、定居怀州以后，因为地理上隔得远了，亲族之间，自然也变得淡漠许多，渐渐不再走动。再往后发展个几十年，李商隐他们家，也就和皇族再没什么关系了。

有的人看到这里，可能会想：出身没落了，其实也无所谓啊。当时不是已经有科举考试了吗？只要自己努力，照样可以考科举，做大官。

话是这么说，但唐朝的科举制刚刚起步，还没太完善，只是作为众多选官手法中的一种而已，并不是全部。即便如此，想要考中，也要和主考官搞好关系，或者，家里本来就有背景，认识主考官。

当然，如果没关系，特别有才华，硬考也行。但在有了这么多"内定"的之后，留给硬考的名额自然不多。一般人，要是既没才华，也没背景，还不会搞人际关系，也就别想着考试做官这档子事了。

就算硬考，考上了，侥幸进了官场，想快点升迁，还是要搞关系。即便如此，想挤到高级官僚的圈子里，也是难上加难。毕竟，这些人和皇亲国戚一样，是名副其实的统治阶级。不像下面的一些小官吏，最多只能算是管理层。

可以说，国家、土地、百姓、都是皇帝、贵族和大官的财产。他们对这些东西有所有权、处置权。而中下层官吏，就算爬得再高，也只是给有权者打理财产、管理日常事务的。

相对于最下面的普通百姓来说，中下层官吏当然值得佩服和羡慕，但上层的圈子，基本也不会对这些人开放。因为这个圈子本身就以血缘关系为纽带，除非生在里面，或者通过婚姻关系进去，否则是很难打进去的。

作为所谓的统治阶级，它也有严格的筛选机制。败家子，或者说，对家族利益有损的人，有下沉的可能，但只要差不多，不算太不像话，就依然会被留在圈子里，世世代代拥有财富和地位。

因此，我们完全有理由猜测：当时的李商隐他们家，本来就是离陇西李氏中心层比较远的一支，或者，最后被家族判定，是可以牺牲的一支，所以才会渐渐没落。

但俗话说得好，瘦死的骆驼比马大。虽然，李商隐他们家在上层的竞争中落败，沉到了下面，但还是有一定的资本和能力。比如说，他们世世代代都在努力考科举，因为书礼传家的传统，每一代也都考中了。不过，因为家门毕竟零落，最后一直没有重回到原本的阶层里，只做了一些六七品左右的芝麻官。

六七品左右的官是什么概念呢？就是一些县令之类的官。李家是名副其实的"县令之家"——李商隐的高祖李涉是县令；曾祖李叔恒虽然有才，十九岁就中了进士，却也只做了县令；到了祖父李俌，还更差了一点，不过是邢州录事参军；而他的父亲李嗣，最高也只做到县令。

仕途不顺，也不是什么大不了的事情。毕竟，在古代，有几亩薄田，随便种点东西，只要不遇到兵荒马乱、大荒灾年，也总是饿不死的，想要维持基本生存是还容易些的。

但是，即便是这样"平凡的幸福"，李家也是享用不起的。

因为李家是个病弱之家。

不知道为什么，也许，根据现代医学理论，是基因有问题，导致男丁全部天生体弱，更是很少有活得长的。李商隐的曾祖李叔恒，二十九岁就死了。祖父李俌死得也早，父亲李嗣算是长命的，也只活到五十多岁。

男丁早死的后果，就是留下了一代又一代的孤儿寡母。从曾祖李叔恒开始，到父亲李嗣，李家足足有三代的孤儿寡母。

哪怕在相对宽松的现代，单亲妈妈带着孩子生活，都是非常艰难的，更不用说封建礼教更严的古代。当时，女人都很少能出去抛头露面，也就更赚不了太多钱。

所以，到了李俌这一代，李家的生活已经艰难到了什么程度呢？他们从怀州搬到郑州荥阳以后，李俌死了，十年后，他母亲卢氏也死了。卢氏死的时候，因为李家只剩孤儿寡妇，也就是她的儿媳妇和孙子，根本无力按照规矩，把她的尸体运回怀州老家，和她丈夫李叔恒合葬，所以不得不一边被人耻笑，一边就近找个地方埋了。

就是在这样艰难的条件下，李嗣长大了，并延续了科举的家风。然而，考来考去，最后也只是在获嘉，也就是如今的河南新乡附近做了个县令而已。

从前面已经可以看出，李家是几代单传。在古代，这是非常危险的事情。这不仅是因为新生儿的死亡率很高，也因为孩子就算侥幸活下来，成长途中也很可能夭折。一不小心可就断了香火，绝后了。

对别人家来说如此，对男丁向来病弱的李家来说，更是这样。如果一家之主在死前还没来得及生个儿子，家族的未来，也就相当于断送在自己手里了！

李嗣就时刻被这样的问题困扰着。他已经快四十岁了，身体一直不怎么好。多年以来，只生了三个女儿。大女儿早夭，二女儿本来嫁到河东裴家，也是前面提到的大族。但不知道为什么，嫁过去没多久，就被送了回来。平白受到如此打击，二女儿天天郁郁寡欢，以泪洗面。而小女儿还没出嫁。

李嗣自然每天发愁，生怕自己哪天驾鹤西去，绝了香火。李商隐，正是在这种情况下出生的。

　　元和八年，也就是公元 811 年，获嘉县衙里，一个小男孩呱呱坠地。

　　"太好了！我终于有儿子了！"李嗣得知消息，大喜过望，可是，为孩子起个什么名字好呢？他绞尽脑汁地想着，突然说道："对了，就叫'商隐'。希望他长大以后，能像'商山四皓'一样，不仅成为千古流芳的名臣，还能活得长长久久。"

　　事实证明，他真是想得有点多，要的也不少。为什么呢？因为商山四皓是秦末汉初，隐居于商山的四位高人，后来被张良推荐，成为皇帝身边的大功臣。而李家什么情况，前面也交代过了，几代人下来，最多只做到县令。在门第观念相对较重的唐朝，虽然可以通过科举考试出人头地，但能做大官的，大部分还得朝中有人。这孩子得有多么通天的本事，才能在众多高门大户之中，杀出一条血路来，改变家族命运！

　　如果在乱世，愤而从军，或许可以成就一代枭雄。只可惜李商隐生活的时代，并非乱世。就算是，根据李家的家风，他大概率也要从文。一个没有人脉的书生，再加上天生羸弱的身体，能勉强活着就不错了，到底何德何能，可以成为名臣？而想要健康长寿，也和家族遗传有关系。几代人都病弱早死，又怎么能奢求孩子健康长寿？

　　李商隐后来的经历，恰巧证明了这一点。

　　不过，不管怎么说，这总算是李嗣的美好愿望。从这件事中，我们也可以看出，他早就对自己的境遇，外加父亲、祖父的命运都很不满意。这种不满意主要体现在两个方面：一个是只能做县令之类的小官，一个是天生病弱活不长。

所以，在为李商隐起字的时候，他也是这样想的——自己有个侄子，字让山，不如这个儿子叫义山。毕竟，商山四皓所作所为，正是义高如山。而且，起这样的字，和名也是非常贴合的。

李嗣总算有了儿子，不用担心绝后的事。但他二女儿这边还是不省心。本来，被裴家送回来以后，她只是愁眉不展，但这几年，状况越来越差，已经发展到了卧床不起的地步。每天都无精打采，连东西也不怎么吃。

没过多久，这个可怜的姑娘就一命呜呼了，死的时候，还不到二十四岁。按道理，应该把她送回老家，也就是荥阳安葬，但因为李嗣公务繁忙，家里事情也多，暂时埋在了获嘉。

让李嗣犹豫不决的，主要是自己的去留问题。在唐朝，按照规定，县令的任期是三年。三年中，每年都要考核，然后再根据总成绩，决定是升官还是贬官。当时，李嗣的任期快满了。本来，应该等朝廷的消息，但前不久，浙东观察使孟简想请他去当幕僚。

到底是等朝廷的消息，还是去做幕僚呢？考虑再三，李嗣选择了后者。

什么是幕僚？在唐朝，很多地方官都会私自找一些下属，帮助自己写写公文，跑跑腿，处理一下日常事务什么的。这些地方官，就被称为府主。他们的下属，就被称为幕僚。如果幕僚表现好，府主会向朝廷申请，授予他们官衔。虽然只是官衔，没有具体职务，但有了官衔后，这些幕僚也有机会入朝为官。

据此，李嗣之所以选择去做幕僚，可能也是觉得，如果留下来，继续等朝廷的消息，升官机会也是不大的。相对而言，去孟简那里，至少还能碰碰运气。

于是，等任期彻底满了以后，他就离开了获嘉，带着家人，一起去了浙江绍兴，投奔孟简。但让他有点失落的是，虽然自己做事认真，但最后孟简也只是给了他一个殿中侍御史的官衔，这是个从七品下，并不比县令更高。

对于这个结果，李嗣不是很满意，所以后来他又离开了孟简，去了如今的江苏镇江，转而给浙西观察使做幕僚。但不管在哪里做幕僚，都需要经常出差，舟车劳顿，总是漂泊不定。李嗣身体差，又已经五十多岁，禁不起折腾。这样的日子，他只勉强过了六年，就病死了。

李嗣死的时候，虽然他的小女儿总算嫁了出去，但他唯一的儿子李商隐还不到十岁。于是，就像又应了家族的魔咒一样，新一代的孤儿寡母产生了。

父亲死了，是一定要运回郑州荥阳安葬的。而安葬过后，也没必要再回浙江。可是，尽管荥阳是李商隐的老家，在那边有亲族，但多年以来，大家的联系没有很紧密，彼此很冷淡。现在一个寡妇带着未成年的儿子回去，放眼四周，几乎也是无依无靠。

无论如何，李嗣的丧事总算操持完了。之后，一家人就要在荥阳生活。作为寡妇，李商隐的母亲肯定不好在外面抛头露面。养家糊口的重担，也就只能压在李商隐身上。

当时，李商隐还小，而且，像父辈和祖辈一样，天生体弱，加上年纪小，根本干不了重体力活，只能帮人做一些舂米之类的活计，聊以维生。

当然，不管怎么说，李家总算是书香门第。李嗣生前对李商隐的教育抓得很紧。早在五岁，李商隐就可以读懂晦涩的经书。到了七岁，已经可以像模像样地写字了。可以说，他在读书学习方面，还是比较有天赋的。但一家人现在连饭都吃不饱，他每天所有的时间，只能用在赚钱养家上面，又哪里有时间和精力继续读书呢？

就连会写字，也不得不变成了一种谋生技能——给人抄写文书，换钱买米。

第二章
世外堂叔

然而，非常幸运的是，李商隐并没有就此与读书无缘，成为真正意义上的贩夫走卒。因为，他引起了家族里一个堂叔的注意。

这个堂叔，并不是李商隐的亲叔叔。他的父亲是李商隐祖父的堂兄弟。其实关系还算是比较远的。他的大名，至今也已不可考，唯一能够确定的，就是李商隐习惯称他为"处士叔"。这个称谓，其实是很有意思的。因为在古代，处士，通常用于称呼那些有德行，有才华，却喜欢隐居、不愿做官的人。

这个人的确如此。

和李商隐差不多，这位堂叔少年时代博闻强记，后来顺利考入太学。但考入太学没多久，他父亲得了重病，考虑到要尽孝，他退了学，一门心思地回来侍奉父亲。没想到，父亲虽然病弱，却又活了二十多年。这本来也是好事，但他的前途也正被这二十多年耗没了。

等给父亲料理完丧事，堂叔早过了而立之年。太学肯定回不去，再去科考，一是没有精力和心气，二是竞争不过那些年轻人。于是，他也就认了命，不再想这些事，安心留在家乡。一边耕田，一边做学问，过起了晴耕雨读的田园生活。

处士叔主要做哪方面的学问呢？其实说起来，也不是很复杂。首先，他书法不错。不管是秦朝的大篆、汉朝的隶书，还是当时流行的楷书、行书、草书，他都能写得很好。后来，李商隐以书法见长，其中无疑有他的功劳。然而，虽然字写得好，他从不愿意当众写字，他内向害羞，不想引起别人的注意。所以不想让笔迹落到别人手上，哪怕是以收藏的名义也不行。

有一次，他给父亲刻石碑，大家听说了，纷纷前来临摹拓印。他非常反感，非但把人都赶走了，还亲自用车把石碑运到一座破庙中，与众多石碑混到一起，企图让人再也发现不了。

闲来无事，他还喜欢给儒家经典加注解，也就是针对书中的一些言论，发表自己的想法。但是，同样因为内向害羞的天性，他从来不愿意公开这些想法，只是偶尔说给亲近的晚辈听。其中当然就包括李商隐。

处士叔也写一些诗文。但他写的文章全是古文，不是流行的骈文。之所以如此，可能是受到了唐朝初年韩愈倡导的古文运动的影响，也可能是个人偏好。因为他这个人的确非常好古——和他写的文章一样，他写的诗也都是古体诗，不是当时流行的律诗。

要知道，唐朝的古诗和古文，指的都是魏晋时期，甚至更早的秦汉时期的文风，对当时的一般人来说，理解起来，还是有些难度的。更何况，在遣词造句上，他也喜欢古典、高雅的词，不喜欢浅显易懂的词。所以，他写的东西，没有点文化的人，是很难看懂的。

为什么要交代这些呢？因为，李商隐从十一岁开始到十六岁左右，一直跟随他学习。作为老师，他对李商隐言传身教。

众所周知，青春期的孩子正处在世界观、人生观和价值观的形成时期。虽然不至于像一张白纸、凡事没有一点自己的观点和看法，但在这个时期，他们接触的人、遇到的事，都会对将来的性格产生重要的影响。也正因此，处士叔对李商隐的影响，比李商隐的亲生父亲李嗣还要大。李嗣只是教李商隐读经典、写字。处士叔的思想和为人处世的风格，一手造就了李商隐这个人。

从私人关系来说，他在李商隐最困难、连读书都成问题的时候，慷慨地伸出援手，无疑是李商隐的大恩人，更何况，他从不追逐名利，算是品德高洁之士。对李商隐来说，这个人也就更值得尊敬。

对一个人某方面的崇拜，很有可能衍生为对这个人全部的崇拜。

因为处士叔喜欢书法、古文和古诗，李商隐也喜欢；因为处士叔好古，喜欢用典，李商隐后来也是这样；因为处士叔传统、方正，李商隐也不追求流行。

如果能被崇拜的人肯定，难免更加拼尽全力，继续往那个方向去做。李商隐正是这样。他十六岁的时候，写过两篇古文，一篇是《才论》，一篇是《圣论》。虽然只是两篇命题作文，但因为写得好，受到了处士叔的称赞，这给李商隐留下了深刻的印象，也成为他一生的骄傲。

看上去，叔侄二人作为师生，似乎特别和谐。但在这个过程中，已经蕴藏了巨大的矛盾。那就是，两个人的人生道路，从根本上来说，是完全不同的。处士叔是个隐士，所以，他在教育李商隐的时候，只是随机地教一些东西，目的性不强，也不关注这些东西有什么用，只是把学问当成一种爱好。

李商隐却不行。他作为家里的独生子，出于对家族的责任，长大后，是一定要求取功名的。这就导致了他内心的矛盾性——一方面，他期待能像处士叔一样，过逍遥自在的隐居生活，另一方面，又不得不逼迫自己去科考做官。

后来，就连堂弟李羲叟都多次劝他："你古文写得这么好，为什么不多写古文，非要学官场上流行的骈文呢？"面对堂弟的疑问，李商隐什么都没说。本来就没什么好说的。他是要光宗耀祖的，怎么能想干什么就干什么呢！

然而，跟着这样一位老师，注定让他在求取功名的路上处处不顺。因为这样的老师教出来的学生，最多只能做隐士，不适合去官场上觥筹交错。官场上流行的东西，处士叔既不清楚，也看不上，更不会教给李商隐。李商隐进入社会以后，又怎么可能不处处碰壁，受到限制？如果他当时遇到的是熟悉官场的人，而不是处士叔，以后的道路，可能会顺利许多。但这种假设根本就是不可能成立的。当时，李家困难到那种程度，精通做官的人又怎么可能愿意做李商隐的老师呢？

好古的人，虽然可以从历史经验中吸取教训，但也容易为其所困。尤其是在唐朝，那是一个更关注现世的朝代，李商隐跟着处士叔，养成这样的性格，后来占不着什么便宜，也在情理之中。更何况，在他的影响下，李商隐还养成了隐晦的习惯，有话从不喜欢直说，而是拐弯抹角，用隐喻。

有一次，徐州刺史王智兴想请他做幕僚。他是怎么回应的呢？

"做一个人的手下不难，但替这个人办事就不容易了。"

谁都能听出来，这好像是不太愿意，但不愿意就说不愿意，为什么要这么说呢？其实不过是他想拐弯抹角地讽刺王智兴。因为王智兴这个位子是从上司手里抢来的。为了达到这个目的，还不惜要挟朝廷，朝廷软弱，才被迫同意。因此，这句话如果说得直接一点就是——你看，你当时是别人的手下，但你办了什么事？你这样没有德行的人，还想请我为你做事吗？

这的确是语言的艺术，却也情有可原。王智兴是一介武将，如果对他把话说得太明白，难免有掉脑袋的风险，所以这也算一种软弱的智慧。后来，这种智慧也多次体现在李商隐的诗文中和他的人生经历中。

最终，因为病弱，处士叔只活到四十三岁就死了。那时候，李商隐已经接近成年，他也意识到应该规划一下自己的未来了。

好的方面是，他的家境已经不再困难到需要他做体力活养家糊口的地步。坏的方面是，零落已久的家门很难兴旺起来，兴盛已经无望。

做点什么好呢？

诚然，就算生在古代，也有很多种职业可选。但摆在李商隐面前的道路并不多。根据读书科考的家风与光宗耀祖的目标，他最先想到的，当然就是考试做官。

可是不要忘了，唐朝虽然有了科举选官的制度，但归根结底，还是一个主要看门第和人脉的朝代。李商隐的家族有多衰败，前面已经交代得很清楚。在这条路上，他根本就没有什么可以依靠的。论学问，他虽然有些才华，却还不至于到一鸣惊人的程度。因此也不算有优势。

虽然他的父辈和祖辈做过县令之类的小官，但父亲死的时候，他还小，完全没有机会见识到官场是什么样子，也并没有积攒下相应的人脉，所以，如今刚刚成人的李商隐，对做官这件事，可以说是一头雾水，完全是个外行，对其中的潜规则，也一点都不了解。换句话说就是，这个圈子目前跟他完全没关系，想凭一己之力打进去，也挺困难的。

更何况，在处士叔长久以来的影响下，内心深处，他也并不是很向往考试做官。他一厢情愿地觉得，那样的人生太复杂，简直就像个大染缸，一旦进去，就再也无法脱身。正所谓人在官场，身不由己。

但是，如果按照自己的喜好，做个闲云野鹤，家族的兴旺和荣耀，又该怎么实现呢？

第三章
玉阳山学道

可以说，李商隐当时的心情，和现在的某些大学生是很相似的。书差不多读完了，按理说，应该找个工作，进入社会。但因为各种各样的原因，也明白前面等着自己的是什么，不想这么早就被现实无情地吊打。可要是遵循本心，想做什么就做点什么，家里又没那个条件。

在这种情况下，他们试图把考研作为一种逃避的办法，打算再挣扎一下。如果考上了，也就可以再在学校里待几年，暂时避开工作的问题。如果考不上，再去找工作也不迟。

李商隐也是这么做的。那时候，虽然没有考研，却有另外一条路，和考研高度类似，也非常流行，这条路叫作"学道"。

为什么会这样呢？因为唐朝特别尊崇道教。众所周知，唐朝是李家的天下，道教的创始人老子，本名叫李耳，恰好也姓李。一笔写不出两个李字。唐朝开国君主李渊就认自家先祖是老子。

唐朝道教的地位非常高，道士很受人尊敬，大家一听到谁去学道了，都会觉得很厉害。不仅李商隐，很多年轻人，尤其是那些没有背景，也没有人脉的读书人，都认为这是一个不错的出路。虽然在传统保守的儒生看来，这不算正路，但社会趋势之下，很多人并不在意正路不正路，只要可以求名得利，就认为值得搏一搏。

学道不是为了修身养性，得道成仙吗？怎么能求名得利？

这就又要说到当时的政策了。唐朝的科举考试分为很多类。有些考儒家经典，有些考道家经典。考道家经典的，也就是所谓的"道举"。道举的内容，以《老子》《庄子》《文子》和《列子》为主，后来还加上了一本《庚桑子》。也就是说，如果这五本书学得好，考了道举，照样可以做官。

第二个求名得利的方式，就要简单许多——因为唐朝皇帝大多信奉道教，如果成了著名的道士，像厉害的学者一样，就也会被朝廷征召，成为显赫一时的人物。

可能正是出于上面两种原因，李商隐才想要去学道。再加上他家男丁身体向来不好，而道教主张养性修真，对保养身体，很有一套方法。所以，他去学道，也有可能是想提升体质。毕竟，身体是革命的本钱。身体要是不好，就算做了官，以后大概率也是要短命的，就像他可怜的祖父辈一样。所以，就算以后要科考做官，也可以先通过学道，起到强身健体、延年益寿的效果。更何况，在学道的过程中，很可能学有所成，进而考道举，或者做了有名的大道士。不管怎么说，这都是相对灵活的出路。

于是，抱着这样的想法，李商隐把家里的一切交给堂弟李羲叟打理，独自一人上了离家不远的王屋山的支脉玉阳山，开启了自己的学道生涯。

王屋山是道教名山。唐朝著名道士司马承祯就是在王屋山的阳台峰修行的。后来，人们在他修行的地方造了一座阳台观。唐玄宗的妹妹玉真公主，本来也先住在阳台观，正式出家后，选了玉阳山作为居所。

玉阳山分东、西双峰。两峰之间都有道观，中间流淌着一条名为"玉溪"的小溪。李商隐非常喜欢这条小溪，后来还以它为号，自称"玉溪生"。

他栖身的道观坐落在东边的山峰上。那里长着成千上万棵古松。道观里面，虽不至于富丽堂皇，但也宏伟干净，前后种着大片的竹林。山里的雾经常很大，和云连在一起，远远望去，就像仙境一般。

李商隐虽然学道，但并没有出家，只是跟随道士们，每天做杂务，学习吐纳之类的功夫，还在诵经、祭拜之类的活动中，学习写青词和斋文。闲暇之余，他还看书。这些书籍中，除了道教经典，还有很多书是讲道士们如何得道成仙，外加神仙们的日常生活的。对李商隐来说，这无疑是十分新鲜的，他第一次看到这么多专业的道教书籍，就像开启了一扇新世界的大门。

唐朝不仅有道士，还有道姑。这些道姑，有的是真的修道，有的就不怎么守清规戒律。比如著名的鱼玄机就属于后者。还有一些道姑，本来是贵族出身，甚至是公主，她们虽然上山修道，却不是独自一人，而要带着众多使女，让她们像以前一样，照顾自己的日常起居。

对于这些事情，李商隐是有所见闻的。他把自己的所见所闻写在了著名的《碧城三首》中。碧城是仙界的美称，后来代指道观。

其一

碧城十二曲阑干，犀辟尘埃玉辟寒。

阆苑有书多附鹤，女床无树不栖鸾。

星沉海底当窗见，雨过河源隔座看。

若是晓珠明又定，一生长对水精盘。

其二

对影闻声已可怜，玉池荷叶正田田。

不逢萧史休回首，莫见洪崖又拍肩。

紫凤放娇衔楚珮，赤鳞狂舞拨湘弦。

鄂君怅望舟中夜，绣被焚香独自眠。

其三

七夕来时先有期，洞房帘箔至今垂。

玉轮顾兔初生魄，铁网珊瑚未有枝。

检与神方教驻景，收将凤纸写相思。

武皇内传分明在，莫道人间总不知。

从这三首诗里，我们可以看出，这些出身高贵的道姑，虽然是在山中修道，生活一点也不清苦，反而有些隐居的闲适。而她们作为女子的天生丽质，即便穿上宽大的道袍，也是一点都遮掩不住的。

在《楚宫二首》（其一）这首诗里，李商隐也描写过她们的美丽。字里行间，甚至还多有暧昧之情。

月姊曾逢下彩蟾，倾城消息隔重帘。

已闻珮响知腰细，更辨弦声觉指纤。

暮雨自归山峭峭，秋河不动夜厌厌。

王昌且在墙东住，未必金堂得免嫌。

从现有的史料中，我们无法确定，李商隐和这些美丽的道姑有没有发生过什么。不过，早在跟随处士叔读书的时候，李商隐就非常喜欢李贺的诗。在修道期间，他依然醉心于模仿李贺的风格。然而，他写出的诗，大多是关于感情的，其中最有代表性的，就是《燕台诗四首》，共有《春》《夏》《秋》《冬》四篇。

春

风光冉冉东西陌，几日娇魂寻不得。

蜜房羽客类芳心，冶叶倡条遍相识。

暖蔼辉迟桃树西，高鬟立共桃鬟齐。

雄龙雌凤杳何许，絮乱丝繁天亦迷。

醉起微阳若初曙，映帘梦断闻残语。

愁将铁网胃珊瑚，海阔天翻迷处所。

衣带无情有宽窄，春烟自碧秋霜白。

研丹擘石天不知，愿得天牢锁冤魄。

夹罗委箧单绡起，香肌冷衬琤琤珮。

今日东风自不胜，化作幽光入西海。

夏

前阁雨帘愁不卷，后堂芳树阴阴见。

石城景物类黄泉，夜半行郎空柘弹。

绫扇唤风阊阖天，轻帷翠幕波渊旋。

蜀魂寂寞有伴未？几夜瘴花开木棉。

桂宫流影光难取，嫣薰兰破轻轻语。

直教银汉堕怀中，未遣星妃镇来去。

浊水清波何异源？济河水清黄河浑。

安得薄雾起缃裙，手接云軿呼太君。

秋

月浪衡天天宇湿，凉蟾落尽疏星入。

云屏不动掩孤嚬，西楼一夜风筝急。

欲织相思花寄远，终日相思却相怨。

但闻北斗声回环，不见长河水清浅。

金鱼锁断红桂春，古时尘满鸳鸯茵。

堪悲小苑作长道，玉树未怜亡国人。

瑶瑟愔愔藏楚弄，越罗冷薄金泥重。

帘钩鹦鹉夜惊霜，唤起南云绕云梦。

双珰丁丁联尺素，内记湘川相识处。

歌唇一世衔雨看，可惜馨香手中故。

冬

天东日出天西下，雌凤孤飞女龙寡。

青溪白石不相望，堂中远甚苍梧野。

冻壁霜华交隐起，芳根中断香心死。

浪乘画舸忆蟾蜍，月娥未必婵娟子。

楚管蛮弦愁一概，空城舞罢腰支在。

当时欢向掌中销，桃叶桃根双姊妹。

破鬟倭堕凌朝寒，白玉燕钗黄金蝉。

风车雨马不持去，蜡烛啼红怨天曙。

此外，《河内诗二首》也是这样的类型。

曲楼上

鼍鼓沉沉虬水咽，秦丝不上蛮弦绝。

嫦娥衣薄不禁寒，蟾蜍夜艳秋河月。

碧城冷落空蒙烟，帘轻幕重金钩栏。

灵香不下两皇子，孤星直上相风竿。

八桂林边九芝草，短襟小鬓相逢道。

入门暗数一千春，愿去闰年留月小。

栀子交加香蓼繁，停辛伫苦留待君。

曲湖中

阊门日下吴歌远，陂路绿菱香满满。

后溪暗起鲤鱼风，船旗闪断芙蓉干。

倾身奉君畏身轻，双桡两桨樽酒清。

莫因风雨罢团扇，此曲断肠唯此声。

低楼小径城南道，犹自金鞍对芳草。

还有《河阳诗》。

黄河摇溶天上来，玉楼影近中天台。

龙头泻酒客寿杯，主人浅笑红玫瑰。

梓泽东来七十里，长沟复堑埋云子。

可惜秋眸一脔光，汉陵走马黄尘起。

南浦老鱼腥古涎，真珠密字芙蓉篇。

湘中寄到梦不到，衰容自去抛凉天。

忆得鲛丝裁小卓，蛺蝶飞回木绵薄。

绿绣笙囊不见人，一口红霞夜深嚼。

幽兰泣露新香死，画图浅缥松溪水。

楚丝微觉竹枝高，半曲新辞写绵纸。

巴陵夜市红守宫，后房点臂斑斑红。

堤南渴雁自飞久，芦花一夜吹西风。

晓帘串断蜻蜓翼，罗屏但有空青色。

玉湾不钓三千年，莲房暗被蛟龙惜。

湿银注镜井口平，鸾钗映月寒铮铮。

不知桂树在何处，仙人不下双金茎。

百尺相风插重屋，侧近嫣红伴柔绿。

百劳不识对月郎，湘竹千条为一束。

时至今日，我们依然可以轻而易举地从字里行间看出李商隐感情的婉转、炽热和浓烈。但这些感情，可能是李商隐的见闻，也可能只是幻想而已。毕竟，根据他留下来的诗文，唯一可能和他有过情感关系的，可能就是"华阳宋真人"。

只可惜，从这个称呼里，我们只能得知，这个人姓宋，连华阳代表什么，都无法确定。可能是他（她）修行的道观叫华阳观，也可能是他（她）的道号叫华阳。

有人认为，宋真人是一位道姑，但只凭现有资料，完全无法判定这个人的性别。我们只能确定——宋真人和李商隐有过频繁的书信来往。他（她）擅长书法，文笔也不错。两个人一见如故，从陌生人渐渐发展成了好朋友，再达到更深的关系。但事情最终被人发现，不仅贻笑大方，更是天理难容。宋真人先是被限制自由，又被送到别的道观，再也没有和李商隐见过面。李商隐本身应该也很不好过，幸亏有高人出手相助，这件事最终才不了了之。

本来，李商隐一直是个相对现实的人，他虽然学道，却只相信修身养性之类，对于得道成仙、白日飞升，乃至于更玄的部分，从来持否认态度，再加上出了这样的事，眼见考道举，或者出家做道士的路都没什么希望了，没过多久，他也就离开玉阳山，转而去寻找别的出路。

第四章

洛阳令狐

李商隐的新出路是什么呢？还是之前他不太愿意走的那条路——科举。这也很正常。他毕竟还是挺年轻的，阅历有限，除了这个比较流行、自己家也有一点根基的做法，实在想不出什么高招来了。

但他应该也清楚，自己家门零落，没有背景，也没有人脉，想凭一己之力考中，挺困难。怎么能增大考中的概率？方法也是显而易见的，那就是扩大人脉，认识对自己有用的朋友，结交有权有势的人。单枪匹马的小少年，就算能力再强，跌跌撞撞，得不到提携和赏识，也很难成名成家，更别提扬名天下。更大的可能，是一辈子碌碌无为，含恨而终。

李商隐肯定不想做这种一辈子不得志的人，于是他非常努力地给自己谋出路。但他只是一个默默无闻的"小透明"，有权有势的人为什么要和他结交呢？如果说，他根本不能给对方带来好处的话。

关于这些，年轻的李商隐可能没有考虑周全。他只是天真地想着，自己虽然不是才高八斗，但也算有两把刷子，有才能的人，难道不应该被放在合适的位置上吗？再加上，听说很多像自己这样的人都去了洛阳，有些还真就遇上伯乐飞黄腾达了，于是他就也想去碰碰运气。

那些想要背靠大树的人，为什么都不约而同地选择了洛阳？因为唐代的洛阳是一个非常重要的地方，有"东都"的美称，和首都长安几乎是平起平坐的地位。更何况，本来它就地处要冲，历史悠久，早从东周开始，历朝历代为了建设这里，花了不少心血。盛唐时期，武则天对它的喜爱，则使它变得更加繁华。

武则天年轻的时候，就特别喜欢住在洛阳，老了以后，大部分的晚年时光，更是在这里度过的。虽然安史之乱以后，洛阳遭受了重创，即便休养生息，也很难恢复到全盛的样子，但一直到李商隐生活的时代，它还是仅次于首都长安的第二大城市，各方面都是数一数二的。

对李商隐来说，进入这样的大城市里，不仅能增长见识，享受到便利的生活，更能找到遍地的机会。

根据唐朝的惯例，洛阳，作为所谓的东都，向来都要安置这样一批人。他们大多位高权重，只是来这里担任闲职。因为俸禄可观，也不需要处理什么事情，生活安逸，无忧无虑，这些人是名副其实的有钱有闲。再加上本身也是文人，对文坛有一定的影响力，到了洛阳，在大肆购进房产地产之余，总要热衷于修园子、办活动。

这当然需要集中一大批有才华的年轻人，或拉帮结派，给自己找点新成员，或吸收精英，装点门面。

对于这些或黑或白的人情世故，李商隐可能知道，也可能不知道。他知不知道，一点都不重要。就算现在不知道，以后也一定会知道。而就算现在知道，既然心有所求，来了洛阳，就要按这里的规矩来。

这里的规矩是什么呢？就是所有觉得自己有才华的年轻人，都要从过往得意的作品中，挑出几篇自以为最好的，每天早早地带着它们出门，千方百计地拉关系、托朋友，只为了能认识一些权贵人士，让他们看一眼自己的文章。要是对方能夸赞几句，或者把自己收归门下，那就更好。

在这方面，李商隐虽然只有十九岁，做的还是不错的。很快，他就认识了一群朋友，在其中一位朋友的介绍下，他遇到了一个彻底改变了他人生走向的人。

这个人就是令狐楚。

令狐楚是个大官。多大的官呢？他最风光的时候，做过宰相。

宰相和李商隐家的那些县令当然不可同日而语。李商隐也不傻，他比任何人都清楚，如果能成功攀上，以后可真就是前途无量了。

虽然令狐楚也只是在三月才被任命为东都留守，刚来洛阳不久，但他自己的发迹史，让他对像李商隐这样的底层年轻文人，更容易抱有同情，也更愿意给他们机会。

首先，令狐楚自己上数三代，家里也没出过什么大官。一开始，他们祖祖辈辈居住在山西太原，西汉末年，移居到甘肃敦煌，后来又搬到陕西咸阳。令狐家最开始盛产武将，后来也出了很多文臣，比如说，初唐时期，位列"十八学士"的国子祭酒令狐德棻，就是他们家族的。

但这些厉害的人和令狐楚这一支关系不大。令狐楚的祖辈也只做过一些县令之类的官。到了他父亲令狐承简，做了个太原府的功曹，还不如县令，只相当于县令的助手。

是不是挺眼熟的？和李商隐的县令之家，的确有异曲同工之处。

其次，他自己也是幕僚出身。虽然他这个幕僚，做得比李商隐父亲好多了，也是靠自己的能力赚来的，但有了这样的经历，他对李商隐的家世，总会有更多同情。

令狐楚兄弟共三人，他是大哥。五岁的时候，他就能写文章，二十三岁，就中了进士。之后被桂林观察使看上了，想请他去做幕僚，但因为他父亲在太原当官，令狐楚不想离家太远，就推辞了。

重点是，他虽然推辞了，却不是直接拒绝，而是千里迢迢地跑到桂林，对桂林观察使表示了感谢，才又回来。在当时，大家都觉得他简直太会办事了。由此也可以看出，这个人确实很会为人处世，也明白一个人安身立命，最重要的是有个好名声。

名声打好了，自然不愁有人请自己。果然，他的名声，再加上他的才华，他就被请到了离家比较近的地方，去了河东节度使的手下做幕僚。

前前后后，节度使换了三个，他却很稳定地往上升，做得游刃有余，轻松极了。作为幕僚，最重要的是把公文写好，但这对令狐楚来说是小菜一碟。轻松完成本职工作之余，他还能和不同的节度使都搞好关系。

据说，皇帝非常爱看他写的公文，甚至能从众多公文里面，一眼就看出哪个是他写的。给皇帝都留下了这么深刻的印象，前途当然不愁。

再加上另外一件事，就让令狐楚更有名了。

当时，有个节度使突然死了，死前没来得及安排好各项事务。众多将领挎刀带剑，吵吵闹闹，把令狐楚抓到大营里，让他代替节度使写一篇遗书之类的东西，送到朝廷里去；另外把各项事务都安排好。可想而知，这篇东西关系到这些将领的切身利益。令狐楚不过是个小幕僚，要是不好好想想，说错一句话，写错一个字，得罪了谁，以后都没有好果子吃。

但令狐楚并没有被吓倒，反而如入无人之境，研墨执笔，从从容容地坐下来，气定神闲，一气呵成，写完了一篇文章。大家看了以后，都觉得他写得非常好，对他的各项安排也都心服口服，没有任何异议。

没多久，令狐楚的父母相继去世。他在办丧事的时候，表现出了非常孝顺的品德，名声也就更好了。与此同时，他代替节度使写的那篇遗书也传到了皇帝那里。皇帝看完，更觉得他是个人才，当机立断地提拔他去京城做官。在京城，他又得到同年进士皇甫镈的推荐，进入翰林院。

同年进士是个什么概念呢？在当时，这是一种非常重要的社会关系。一起考中的人，彼此之间都要拉关系，方便以后做了官，互相帮助，彼此有个照应。

正是因为皇甫镈，令狐楚后来被调任为中书舍人，一来二去，还和宰相李逢吉交上了朋友。可是，李逢吉虽然和令狐楚关系好，但和另外一个宰相裴度的关系并不好。也正因此，在裴度去前线的时候，令狐楚为了巴结李逢吉，在诏书中故意挑拨裴度和前线军官。

这件事不仅被裴度发现了，还被皇帝知道了。皇帝因此罢免了李逢吉，也处罚了令狐楚，把他外放为华州刺史。

没过多久，皇甫镈当了宰相，令狐楚的好日子也就又到了。他不仅升了官，还和皇甫镈、李逢吉等人一起扳倒了裴度，皇甫镈为了感谢他，也就推荐他当了宰相。

第二年，唐宪宗驾崩，令狐楚和大家一起护送灵柩下葬。路上遇到暴风雨，别人都忙着躲避，只有他守在灵柩旁边，纹丝不动。这件事也给后来即位的唐穆宗留下了深刻的印象。

唐穆宗不喜欢皇甫镈，一上位，不仅不让他做宰相，还想弄死他。令狐楚就算再小心，也最终受到牵连，一再被贬，最终来到洛阳，挂了个闲职。

虽然令狐楚暂时算是失势了，但总体来说，他是一个有才华、会办事、懂人际交往、有胆略，并且深谙官场的人。这样一个人，当然会被李商隐看中。因为李商隐迫切需要这样一位老师、一位前辈，先是把毕生经验传授给自己，再把自己带进这个光怪陆离的圈子里去。

最重要的是，令狐楚以写官场中流行的骈文见长。李商隐想要步入官场，就一定要学会写骈文，更要写好骈文。而且，令狐楚不止在官场中积累了不少人脉，在文坛上，也是数一数二的人物。他和张籍、贾岛、元稹等人关系都不错，和刘禹锡、白居易这样的大诗人也交情不浅。也就是说，只要打通了令狐楚，文坛的一半江山，也就相应地对李商隐敞开了大门。

由此可见，李商隐之所以选择令狐楚，而不是别人，不能说没有经过一番考量和取舍。不管从哪个角度说，令狐楚都是他通往科考官场之路上，最好靠、最适合他的一棵大树。

以上或许是李商隐的想法。而令狐楚的想法呢？

依照前面，我们也可以看出，令狐楚之所以能取得如此大的成就，就在于有自知之明，并且懂得爱惜名声。这样的人，当然懂得什么叫入乡随俗。虽然从主观上来说，他不一定愿意像一些人一样，花费时间和精力，结交对自己没有太大好处的年轻文人，但既然人家都这么做，他也不可能免俗，显得自己多么不合群似的。

更何况，结交年轻文人也没什么坏处。他本来就很重视名声。活了一大把年纪，更清楚名声比财富更重要。尤其对令狐楚这样，早就不缺钱的人来说，孜孜不倦地追求的，当然也只剩一个好名声了。

愿意提拔晚辈，当然属于好名声的一种。

所以，当时令狐楚像其他闲居洛阳的大官一样，除了忙于人际交往、吟诗作赋，也会时不时地见几个年轻文人，看看有没有值得提拔的。

李商隐，不过是这些人中的一个。

一开始，令狐楚并没觉得他有什么不同。

见了面，双方照样一通寒暄。然后，李商隐就开始自我介绍，令狐楚听完，觉得少年家里挺困难的，也没什么人脉，的确值得同情。又听说家里长辈也做过幕僚，无形中也就更拉近距离，想要表示一下关心，问问李商隐现在过得怎么样。

能怎么样？也就是不高不低，不好不坏。李商隐恭敬规矩地把自己的文章递过去，令狐楚接过一看，连连点头，称赞道："你的文笔的确不错。"

但他一篇一篇地看过去，越往后看，疑问也就越大："为什么都是古体诗和古文呢？"

当然是因为处士叔只教过李商隐这些。不过，早在前来拜见之前，李商隐就对令狐楚的长处有所耳闻，知道眼前是一位写骈文的大家。也许，在此之前，他还做了预演，对令狐楚想问自己什么，有一番大概的准备。

他不太可能想不到令狐楚会这么问，于是也就说出了令狐楚想听的答案——先是夸了一番令狐楚的才学，又说了一下自己的窘境，最后摆出一副谦虚的样子，表示希望得到前辈的指教。

很多年轻文人，虽然有些才华，但致命的缺点，就是太过孤芳自赏，不仅觉得自己厉害，还不会顾忌前辈的情绪，不会说所谓的"美言"。于是这些人自然会失去很多机会。

当然，令狐楚混迹官场这些年，也听得出什么是"美言"，什么是真心话，基本的辨别能力，他还是有的。但好话听上去，总是顺耳、舒服，更何况，这个年轻人能这样说话，也说明了他会为人，会说话。至少，和那些自以为是的小子们不一样。

既然有些才华，也挺会说话办事，不妨栽培一下。很有可能，从这个家门零落的少年身上，令狐楚看到了自己的影子。抱着能帮一把就帮一把的想法，他决定把李商隐收入门下，让他和儿子、侄子们一起读书学习。

得到这样的承诺，李商隐当然欣喜若狂。令狐楚之于他，就像灯塔之于船只，指明了方向，让前途充满希望。

第五章
令狐楚的好处

虽然从年龄上来说，令狐楚对于李商隐更像是父亲或者祖父。毕竟，当时李商隐只有十九岁，令狐楚已经快六十五岁了。

但从那以后，李商隐却认识了几位名副其实的兄长，那就是令狐楚的儿子和侄子们。

和李商隐家差不多，令狐楚家的人丁也不是很兴旺。他爷爷只生了他父亲一个。他父亲还好一点，一共有三个儿子。

轮到令狐楚，也生了三个儿子。长子令狐绪，次子令狐绹，三子令狐纶，外加上他还有个侄子令狐缄，当时也住在这里。

后来，这四个孩子里，令狐绹是最有名的，也是成就最大的一个。和父亲令狐楚一样，他也做到了宰相。因此，历史上关于他的记载更多一些。像他的大哥、三弟和堂弟，如今，连他们是哪年生人，大家都不是很清楚，也就更不用说他们的经历了。

令狐绹的生日却是有据可考的。他生于贞元十一年（795）。根据兄弟排行，他哥哥令狐绪当然比他更大，而令狐纶和令狐缄则要比他小一点。

按照唐朝的惯例，像令狐楚这样的大官，他的一个儿子可以不用考试，直接被推荐做官。在令狐家，得此殊荣的，是比李商隐大了二十多岁的长子令狐绪。

也就是说，剩下的令狐绹、令狐纶和作为侄子的令狐缄，虽然出身高贵，但想要求取功名，也要走科举考试这条路。

不过，毕竟出身不一样，平时，他们不像别的读书人那样，面临很大的考试压力，但在日常生活之余，也要花大量时间读书、写文章。

古代那些富贵的公子们，身边除了书童，还会有伴读。作为令狐楚看好的人，李商隐在令狐家的地位，虽然不至于低微得如同书童一般，但最多也就是个伴读。

伴读的地位就是一个比仆人高一点，但又比朋友低一点的存在。

令狐楚之所以把李商隐放在这么一个位置上，最大的目的，也就是试图把李商隐当作自己家的附庸。这也是前面提过的，如果李商隐无法给达官贵人带去好处，这些人又何必搭理他呢？

作为附庸，正是他对于令狐家的好处。

实际上，这也是千百年来流传下来的习惯性做法。早在春秋战国，高门大族就盛行养门客。这些人或者才高八斗，或者武艺高强，各有各的本事。平时，主人好吃好喝地供着他们，必要的时候，他们必须发挥自己的所长，为主人出力。

春秋战国之后，历朝历代也都是这样。如果是武将，就要笼络一批心甘情愿为自己卖命的人；如果是文官，自然也要拉帮结派，站好队伍。

作为散户，要跟对大哥，以后才有发展；作为大哥，要找对小弟，才能让势力更加壮大，以至家族兴旺发达。

令狐楚无疑是大哥一样的人物，他也需要这样的年轻人。

那么，什么样的年轻人可以担此重任呢？

首先，这个人得有才学，有品德，这样才能对令狐公子们的学习有所帮助。俗话说得好，近朱者赤，近墨者黑，要是选了个不学无术、只爱吃喝嫖赌的伴读，岂不要把孩子们带坏了？而有才学，最大的作用，就在于科举做官。做了官，当然不能忘了栽培之恩。在官场里，自然要为令狐家说话，令狐家的势力，也就无形间壮大了。

其次，他得有眼色，会说话办事。如果有了什么事，需要他出面的时候，要化险为夷。如果木木呆呆，或者太过刚直，怎么能成为令狐公子得力的助手呢？这样的人，早晚是要被官场淘汰的。

最后，也就是最重要的一点是，他的家世不能太好。如果家世好，想取得地位和名声，家里自然可以安排，又怎么能心甘情愿做别人的附庸，为别人卖力呢？所以，只有那些家门零落、出头无门的年轻人，才适合被安排上这样的位置。

综上所述，李商隐的条件，简直太符合了。

令狐楚这种心态，和那些想给儿子找童养媳的人，有异曲同工之妙。感情当然是从小培养的好。不只是夫妻之情，主仆之情也一样。与其到了官场里面，笑里藏刀，拉帮结派，不如从小培养亲信，用起来也更放心。

而李商隐的终极作用，也就像春秋时期的门客一样，是要为令狐家做挡箭牌的。毕竟，令狐楚对他有恩，意外发生的时候，他一定要报恩。哪怕他不愿意，也必须这么做，否则就会受千夫所指。整个人的名声，也就彻底毁了。

说了这么多，说白了，李商隐对于令狐家的作用，就像从小养大的家丁一样，是为了保护自己家人而存在的。

再说回令狐家的情况。三个较小的令狐公子中，令狐绹比李商隐大十八岁。也就是说，他遇到李商隐的时候，已经三十多岁了。令狐纶和令狐缄虽然小一点，也比李商隐年长。

本来，他们一起读书学习，压力不大，再加上有令狐楚的亲自指导，想要进步，也不是什么难事。但突然就多了个李商隐。

自从取得令狐楚的允许，李商隐三天两头来拜访，不仅和令狐公子们一起读书学习，有时候，更会和他们一起吃饭睡觉，俨然成了令狐家的一分子。

一开始，李商隐当然有些拘谨。毕竟，他知道自己是个外人，还是个地位不怎么高的外人，但令狐楚对待他的亲切态度，以及几个令狐公子并没有瞧不起他的意思，这让他在与这家人相处的时候，逐渐变得自如起来。

在三个令狐公子之间，李商隐更愿意亲近令狐绹。也许，就像他让令狐楚想到了年轻的自己，令狐绹也在某些程度上，让他想到了华阳宋真人吧。

在令狐家的日子里，李商隐很快学会了写骈文，学到了很多流行的公文样式，为进入官场打下了坚实的基础。他还通过令狐楚的介绍，认识了很多达官显贵、文坛泰斗，其中就包括名满天下的白居易。

白居易比令狐楚小几岁。他的祖父是个县令，父亲一开始也是个县令，后来稍微升了个职，但也不是什么大官。可以说，他的家世和背景与令狐楚、李商隐都是相当的。虽然后来，他做了三品左右的大官，在文坛也取得了成就，但在默默无闻之前，和这些小官僚家庭出身的读书人一样都属于一个圈子里的人。

出身相似，自然也就有很多共同语言。相对于其他读书人，白居易更愿意亲近李商隐。再加上白居易刚出道的时候，也是屡屡碰壁，因此，在飞黄腾达以后，出于同情，也就更愿意尽自己所能，提拔那些很难找着出路的年轻人。

更何况，从脾气上来说，李商隐和白居易也是相似的。

和令狐楚不同，白居易的发迹，不是因为会说话办事、为人圆滑，而是因为刻苦努力。从本质上来说，他不能算是天资聪颖的那类人，最多能算勤能补拙的实践者。小时候读书的时候，他就非常用功，不仅经常累得口舌生疮，甚至还很年轻，头发就都白了。

白居易脾气还直。好好的骈文，他不愿意写，总爱写那些反映现实的诗歌和文章，希望皇帝看到以后，能够体察民情，为百姓做好事。对于他的这些文章，一开始，久居深宫的皇帝没见过，当然觉得新鲜，日子久了，就未免反感起来，因为民间的苦难真是太多了，说也说不完，写也写不尽。看多了，谁都难免糟心。作为皇帝，更容易怀疑人生——我都已经这么努力地治国了，怎么还有这么多可怜人呢？偌大一片江山，到底我怎样做才能让大家满意呢？

从各方势力的角度看，白居易这么做，也让大家很下不来台——人都说报喜不报忧。民间疾苦，反正皇帝也看不见，怎么就你天天像个乌鸦似的，呱呱呱，呱呱呱，什么都呱呱呱，显得我们只会进谗言，不为天下苍生着想一样；皇帝听了，不也觉得我们是酒囊饭袋，没有踏踏实实办事嘛，这让我们的脸往哪儿放？！

一句话，白居易这么爱乱说话，大家都看不上他，于是决定好好整整他。没过多久，白居易被贬江州，也正是在这期间，他写出了脍炙人口的《琵琶行》。其中有一句"江州司马青衫湿"，里面的"江州司马"，指的就是他自己。

但白居易还算有点情商。被整治过之后，渐渐明白起来，再也没有随便说过话，一直都是安安静静做官。上面让干什么，他就干什么。尽管还是尽量为老百姓做好事，却不再对当权者有过多期待。

也许，正是出于对现实的失望，中老年的白居易越来越倾向于把时间和精力用在吃喝玩乐上，试图从酒色方面找点安慰。这也是自然而然的事情，毕竟，因为被现实所限，抱负和理想遥不可及，根本实现不了，为什么不放开自己，好好享受一下人生呢？

我们现在经常听说的"小蛮腰"就和白居易有关系。小蛮本来是他养的一个妓女。

就这么过了几十年，白居易也到洛阳挂了个闲职，又经令狐楚介绍，认识了李商隐。这时候，白居易已经快六十岁了，除了还想享受一下生活，早就不想争名夺利，也正因如此，他对李商隐的喜欢，比令狐楚要更纯粹一些。

因为，从李商隐的本质看来，令狐楚看错了他。他并不像令狐楚一样，真的会说话办事。恰恰相反，他的直脾气，反倒更像白居易。于是，白居易喜欢他，也就很正常了。

白居易有多么喜欢李商隐呢？据说，他当时曾经说过："这辈子，我是很难赶得上你了。如果有机会，下辈子，我投胎做你儿子吧！"这件事是不是真的，如今已不可考。但就算只是杜撰出来的，也足以说明，白居易对于李商隐，的确是非常喜欢的。

所以，两人相识后不久，李商隐就和白居易来往过密。不仅频繁去白家拜访，还经常参加白居易举行的各种活动，由此又结识了不少有权有势的人。

白居易对于李商隐的帮助，还体现在《六帖》上。这是一本类书，相当于现在的工具书。它是白居易编撰的，主要包括成语、典故之类，写文章的时候，尤其是写骈文的时候，可以作为资料，引用、查找起来很方便。

可想而知，看过这本书以后，李商隐写起骈文来，更加轻松顺畅了。

第六章
三考三败

这段时期内，李商隐是春风得意的。虽然是第一次来洛阳，但他已经取得了一定的成就——不仅成功攀附上了令狐楚和白居易，还顺藤摸瓜，认识了不少有头有脸的人，积累了不少人脉和资源，再也不是以前那个孤身一人的小少年了。

中途，令狐楚虽然也因为职务的原因，短暂离开过洛阳，但最终还是回来了。

他彻底离开洛阳，是在一个冬天，接到调令，要去将近千里之外的山东郓州上任。

令狐楚当然不会抛下李商隐。他还指望李商隐成为自己家的附庸，给子侄们当挡箭牌呢。现在，李商隐连个功名都没有，连官场的边还没摸着，他要是扔下李商隐，不是前功尽弃了嘛！

"你愿意跟我去郓州吗？"他这么问李商隐。

李商隐怎么可能不愿意呢？他非常清楚，自己在洛阳之所以能取得现在的地位，和才学的确有关系，但更大的原因，是靠上了令狐楚这棵大树，大家不好不给令狐楚面子，所以才对他另眼相看。

如今，令狐楚要走了，说不定，自己抓到手里的东西，很快也就像镜中花、水中月一样，全都不复存在了。诚然，令狐楚是个爱惜名声的人，就算李商隐说不愿意，他心里不高兴，觉得李商隐忘恩负义，表面也不会说什么。非但如此，他还很可能为李商隐介绍几个下家，安排好后面的路，把事情做得让大家都说不出话来。

但别人终归是别人。李商隐就算被介绍去，也不一定像在令狐楚这里这么受宠，最后还是像燃放的焰火一样，不管愿不愿意，都得面临昙花一现的命运。更何况，既然令狐楚都这么问自己了，肯定心里也已经有了安排，鉴于自己一直以来的表现，这个安排应该也不会太差吧。

抱着这样的想法，李商隐当然表示愿意。

"那好，你就在我的幕府里做个巡官吧。"令狐楚终于说出了自己的安排。

坦白说，巡官地位不高。但对当时的李商隐来说，已经很合适了。因为就算是幕僚，大多数也要考过科举，有功名在身。李商隐什么都没考过，分配给他这样一个职务，已经算是优待。

巡官没什么权力，具体的职务只是跑跑腿、打打杂，但这跑腿是给令狐楚跑腿，打杂是给令狐楚打杂，和之前在令狐家的生活也没有太大区别，做起来也没什么难度。只要能继续跟在令狐楚身边，好处自然不会少。如果表现好，说不定以幕僚的身份，最后一路升作大官，也未必不可能。最不济，巡官还有一份工资，钱不多，但总算可以养活自己了。说出去，也算是正经工作，不算丢人。

想来想去，李商隐对于令狐楚的安排还是非常满意的。

虽然接到调令的时候是十一月份，但因为洛阳这边还有事情没有处理完，令狐楚没有马上离开。再加上路途遥远，他们真正到郓州的时候，已经是第二年的事情了。

在郓州，李商隐与令狐家的关系和以前没什么两样。只不过，毕竟有公务在身，他不能每天专门给令狐公子们当伴读了，更多的时候，他开始作为令狐楚的助手，频繁地出入各种场合。

没过多久，令狐楚的二儿子令狐绹去考试，一下子考中了。虽然他的高中并不一定是因为真才实学，大概率还是因为主考官清楚他家的背景，不好让他落第。但这也算是不成文的规则，没什么好抱怨的。

得知这个消息，李商隐比较高兴。不过，他之所以这样，也不一定全是为令狐绹感到高兴，而是觉得，令狐绹都能考中，自己应该也会考中。

令狐楚是什么人物，对于这些，自然也会感觉出来。

"今年冬天，给你一个随计的名额，你准备去京城吧。明年春天有一场考试，你跟我学了这么久，也该去试一试了。"他这么对李商隐说。

什么叫"随计的名额"呢？按照唐朝的惯例，每年十月，各地要向朝廷报账、上贡，这被称作"上计"。而贡品里除了有花样繁多的土特产，还有人才，这些人才就叫"随计"，它还有个名字，叫"乡贡"。

选谁随计，说到底，还是地方长官说了算。于是，令狐楚当然有底气这么对李商隐承诺。

令狐楚这么做，也是自然而然。因为，当时，他之所以选中李商隐，就是想让他做自己家的附庸，给子侄们做挡箭牌。现在，既然令狐绹已经高中，眼看就要做官，所谓养兵千日用兵一时，李商隐当然也要考上个什么，才能发挥辅佐、帮助令狐绹的作用。

他确实是这么做的。他给了李商隐随计的名额。

这个名额，看似简单，实际非常难得，因为很有限。全国范围内，即便是那些被重点关照的地方，最多也只能选三十个，边疆之流，也就只有七个。山东一带最多只能送十一个。这么有限的名额，令狐楚还是给李商隐开了特别通道。可以看出，的确是下了血本。

当年冬天，李商隐真的往京城去了。之前，他从没来过这里。猛然一见，这里比洛阳还要繁华，不禁又开了眼界，心情也更加开阔起来，他对令狐楚的感激之情也更深了。没有令狐楚的帮助，自己能到这一步吗？

前面已经提过，科举考试分很多科，但其中最难考的，就是进士科。也正因此，进士科的含金量最高，也最受人尊敬。每年的进士科考试，也是最隆重的。令狐楚的二儿子令狐绹考中的，就是进士科。李商隐这次要考的，同样是进士科。

直到这个时候，李商隐心中还无比自信。因为他自以为，自己的才学要比令狐绹略胜一筹。连令狐绹都能考上，自己考上，还不是板上钉钉的事。

那年的主考官最终敲定为礼部侍郎，考场设在礼部南院。名义上，考试在第二年春天进行，但在考试之前，有很多准备活动，所以，就算早来了好几个月，好几千名考生，也有各有各的事情要忙。

首先就是报到。除了要把地方给自己的推荐信交上去，还要填一份个人信息表，详细上报家庭情况。

其次就是分小组。几个人分为一组，保证不作弊、不犯法，互相监督、检举。如果谁违反了，和他同组的那些人也要受罚。

再次就是开会、点名。地点设在大明宫的正殿。到时候，上级官员要好好地讲一讲，表达一下对各位考生的重视和关心。

到了元旦，还有一次重要活动，那就是考生们可以得到皇帝的亲自接见。

除了这些，还有一些杂七杂八的小活动，比如，去国子监拜孔子，听考官们答疑解惑……在此之外，就是自由活动的时间。有人寻亲访友，有人加紧读书，也有人找关系、走后门。

作为数千考生中的一个，李商隐自然也不能免俗。

好不容易等到考试那天，经历了每场长达十二小时、一共三场的考试，李商隐自我感觉相当不错。

然而，在放榜的时候，他并没有高中。

一开始，他相当意外。但他依然天真地以为，中了的人，理由都是相似的，就是文章写得好，不中的人，各有各的缺点。谁知道自己的缺点在哪里呢？反正事实已经是这样的。按照惯例来看，应该也没有什么奇怪的吧？有多少人能在第一次考试就高中呢？只是一次失败而已，不用太过沮丧。

这样自我安慰着，李商隐离开京城，回到郓州。令狐楚得知这个消息，也没多说什么，第二年，照旧给了他一个名额，像上一次一样，出钱出力，让他再战。

但这一次，李商隐前脚刚走，还没等开始考试，令狐楚就也走了。

他被调到了太原。

令狐楚对太原很有感情。他从一介书生到赴试成名，都在太原。因此，他到太原以后，当地百姓对他十分欢迎，他也把太原治理得不错。

再说李商隐这边，第二次来京城，他的心情平静了许多，然而，结果一出来，还是没有他。又听说令狐楚已经离开山东，隐约地，他应该也察觉到了什么，于是赶紧情深意切地写了封信，表达了对令狐楚的感激之情。在信中，他对令狐楚的态度更加恭敬，虽然还不至于巴结，但因为担心被令狐楚抛弃，那种迫切的心态，也和巴结差不多了。

结果，令狐楚并没有打算给他多少机会，而是按照之前的计划，在那年十月，又借助职务之便，给了李商隐一个名额，让他去考试。

这一次，李商隐依然一无所获。

看到这样的情况，令狐楚也清楚，李商隐的实际价值一点都没有了。而屡试不中，又有什么脸还回来做幕僚呢？

但有了上一次的教训，令狐楚大有理由认为，走投无路之下，李商隐非常有可能还会回来。仿佛为了彻底断绝他这个念想一般，令狐楚再一次离开。这一次，他走得彻彻底底，回长安做了吏部尚书。吏部尚书属于京官。京官的最大好处，就是再也不需要幕僚了。

第七章
经验教训

李商隐得知令狐楚高升，未免又要跟大家一起祝贺一番，但他实际是怎么想的，只有他自己知道。

令狐楚回到长安，不再需要幕僚，也就没理由把李商隐继续带在身边。也就是说从那以后，令狐楚这棵大树是靠不了了，而他自己考了好几次，一直也没什么进展。

所有的路，几乎又相当于断了。

这次，要找什么新出路呢？

对大部分人来说，认识到问题容易，找到解决办法却很难。李商隐虽然是个聪明人，但在这个时候，要求李商隐马上去想新出路，未免也不太现实。

毕竟，认识到问题，并真正接受现实，就是不大不小的一道坎。要是没把过去的问题处理好，也就不太可能全力以赴地展望未来。

那么，这几年对李商隐来说，又有什么经验教训需要总结呢？

首先，他当然不会把问题归结在令狐楚身上。毕竟，从情感上来说，令狐楚对他不错，从物质上来说，也给了他很多实际的好处。就算最后靠不了，在李商隐看来，也不是令狐楚故意的，而是因为不可抗力。总体来说，大家还是好聚好散。就像那句话说的，天下没有不散的筵席，没什么好抱怨的。

虽然令狐楚暗地里的确有自己的考虑，但李商隐一个初出茅庐的毛头小子，基本上也看不出来。又想到令狐楚给过自己那么多好处，也就只有感激的份儿。

那么问题出在哪里呢？李商隐认为，出在主考官那里。

也真是巧，李商隐考了三年，三年的主考官都是一个人。因此，李商隐当然有理由怀疑，自己没有考中，是主考官看不上自己。自己的文章不对人家的胃口。

这也是最简单的思路。

实际上，考进士科的人很多，几千个人里面，最终只要三十个左右，录取率极低。以他的资质，考不上也正常。

那令狐绹为什么考上了呢？前面已经说过，令狐绹的背景不一样。唐朝归根结底又是一个看门第的朝代。作为令狐楚的儿子，令狐绹高中是必然的。可李商隐也算是令狐家的人，而且，令狐楚不是想培养他作为子侄们的助手吗？为什么李商隐没有得到一点好处呢？

可能的原因是，当时科考营私舞弊的事情已经出了好几次，每次都闹得很凶。国家为了杜绝这种现象，抓得很严，令狐楚为了明哲保身，不想在这个时候，只是为了一个李商隐，就撞到枪口上。

那么，当时围绕科考，桌子底下的那些事又都有什么呢？

有一件大事，正发生在李商隐第一次参加考试的时候。那年，大臣杨虞卿带着一帮亲戚，外加一个叫萧澣的人，呼风唤雨，为所欲为。和他们关系好的，或者给他们贿赂、送礼的，十有八九都会考中，其他考生只能名落孙山，自认倒霉。

在此之前，还发生过一件大事。那年，担任主考官的是礼部侍郎。考试前，前任宰相和李绅都为自己的人说过好话，但结果一出，他们手下的人并没有高中。高中的人，差不多全是主考官的亲戚朋友，或者是朋友的朋友。前任宰相看到这样的情况，自然不乐意，开始带着一帮人检举揭发礼部侍郎。皇帝不好不给面子，为了显示公平，安排重新考试，刷落了录取人数的三分之一，对那些结党营私的官员，也该收拾的收拾，该罢免的罢免。

在这种情况下，令狐楚为了自己的前途，当然谨言慎行，不会为李商隐说话。

他这么做，还有另外一个更大的原因，就是当时他所属的那一伙人，也就是牛党，已经在走下坡路了。就算他老老实实，不惹事，说不定也会被人收拾，要是高调地为李商隐说话，说不定还会惹上什么麻烦。

牛党是怎么一回事呢？说到这个，就不得不提一场延续了四十多年的党争。在历史上，这件事也被称为"牛李党争"。

牛党为首的有两个人，一个人叫牛僧孺，一个人叫李宗闵；李党为首的只有一个人，叫李德裕。这三个人也算宿敌，并且是绵延了两代的宿敌。

当初，牛僧孺和李宗闵还是小书生，在考试中写了批评朝政的文章。李德裕的父亲是宰相，觉得他们写的东西揭了自己的短，就对皇帝说，这两个人不能录取，因为他们和考官私人关系过密。

虽然李德裕父亲的话是一派胡言，但架不住和皇帝的关系近。皇帝听信了他的话，把考官降职了，也真没有录取牛僧孺和李宗闵。但有些大臣看不惯宰相这么一手遮天，又向皇帝阐述了真相，于是宰相被贬。

没过多久，又发生了杨虞卿和萧澣操纵科考的事情。皇帝向李德裕等人求证，李德裕说，他们确实这么做了。皇帝重新考试，很多本来考上的人被刷落了，其中就包括李宗闵的女婿。李宗闵也受到牵连，被贬了。他对李德裕怀恨在心，觉得李德裕坏了自己的好事。从那以后，他和牛僧孺一起，百般排挤李德裕。

接下来的几十年里，两党中，一方得势的时候，就一定要收拾另外一方。

一开始，是牛党占上风。后来，李德裕立了军功，被任命为兵部尚书。有人建议李宗闵和李德裕修好，李德裕态度积极，李宗闵并没有同意。

有了这件事，再加上之前的宿怨，李德裕当了宰相以后，就开始大肆收拾牛党。李商隐第三次考试的时候，大背景正是这样的，令狐楚属于牛党里的人物，所以，谨言慎行一点，也是很正常的。

令狐楚当了京官，不再需要幕僚。李商隐又没考中，不好再去找令狐楚，只能暂时回到家乡荥阳。荥阳离郑州不远。令狐楚知道以后，给了李商隐最后的帮助，把他介绍给了当时担任郑州刺史的萧澣，让他去给萧澣做幕僚。

萧澣正是前面说的曾经操纵过科考的大臣。事发后，他被贬到这里。但他这个人细算起来也算出自名门。他是梁武帝萧衍的后代，其曾叔祖萧嵩还做过唐朝的宰相，虽然没什么太大的成就，总算一生无忧。

萧澣是江苏人，本人也算有些才华，考进士科的时候，位列第一，后来也就一直做官。要不是因为科考案，他也落不到这样的田地。但是，如果他还像原来一样，以他的身份地位，大概率也不可能理李商隐。而现在，归根结底，两人都是失意的人。一个因为科考营私，落得这样的下场，一个屡试不中，前途迷茫，彼此都有很多话要说，有很多苦水要吐。

对于萧澣，李商隐没有太多要安慰的，因为那和他的世界离得太远。对于李商隐，萧澣却有诸多同情。这里面可能也有一些赎罪的意思，因为李商隐毕竟也算被他营私所挤掉的那些人之一，但更多的，萧澣对于李商隐，是一种平常的同情。他在得知李商隐的经历以后，多次施以安慰，并根据自己的亲身见闻，对李商隐说，这没什么大不了的，一次两次考不上很正常；还保证，以后要是有机会，一定帮李商隐一把。

李商隐正沮丧落魄，听见有人这样对自己说，心中未免十分温暖，和萧澣的关系，也就蓦然拉近了许多。所以，那段时间，李商隐一直在萧澣手下做事。两个人相处得也算和谐。

但是，没过多久，萧澣又被贬到更加偏远的遂州。遂州在四川。李商隐得知后，心里五味杂陈。萧澣走了以后，自己又没人可跟了。当然，他可以跟萧澣去遂州，但萧澣没有表示出这样的意思，以他们的交情，李商隐也不好直接开口。更何况，即便是为了讨口饭吃，不得已做幕僚，遂州也真是太偏远了。就算萧澣主动提出，李商隐也不一定愿意。

到此为止，对李商隐来说，令狐楚的红利好像到了一个尽头。以后又该怎么办呢？他又陷入了迷茫。正是在这种心境下，得知萧澣被贬不久，李商隐写了一首《夕阳楼》。

花明柳暗绕天愁，上尽重城更上楼。

欲问孤鸿向何处？不知身世自悠悠。

在这首诗中，与其说他表达了对萧澣的同情，不如说他表达了对自己前途的迷茫。

第八章
柳枝姑娘

萧澣被贬到遂州以后，李商隐心有戚戚，觉得这条线彻底断了。令狐楚那边，虽然没有断了联系，明显也不想有太多的关系，就不冷不热地保持着距离。

面对这样的境遇，李商隐不由得不百般感叹——浮浮沉沉这几年，自己从少年人长成为二十多岁的青年人，然而不过是大梦一场，梦醒了以后，依然是家门零落，孤苦无依。

眼看这样，李商隐索性也断了念想。既然别人靠不上，最终还得靠自己。接下来的几年里，他抱定这个想法，一直忙于科举考试，试图凭自己的本事，挣出一个虽然和锦绣没法比，却也差不多的前程。

当时的京城是长安，也就是现在的西安。李商隐家在荥阳，也就是现在的郑州附近。虽然两地离得不远，但也有一些距离。限于古代的交通条件，如果每次考试都大老远地从荥阳出发，未免太过麻烦。如果没考上，再风尘仆仆地往家赶，更是折腾。

最主要的是，他是要经常参加考试的。到了家，待不了多久，又要动身去京城，参加明年的考试，一来二去，实在是舟车劳顿。即便李商隐不嫌折腾，愿意每次都这么走，总也不能马不停蹄地赶路。中途总要歇两天，停一停。

找什么地方落脚呢？东都洛阳就不错。从地理位置上来说，洛阳处于荥阳和长安中间，刚好是差不多一半的路程。赶了一半的路，歇一歇也是理所当然。如果没考上，与其回到荥阳等明年，也不如直接住在洛阳。这样动身也更方便，不用再费太多力气赶路。

而且，李商隐在洛阳待过一段时间，虽然不算久，但对那里的一切，总归是相对熟悉的。从感情的角度说，那里也有很多少年时期的美好回忆，可能还有之前交下的一些朋友。最重要的是，当时，他堂哥李让山就住在那里。这个堂哥，就是之前，李商隐的父亲给他起名的时候，想到的那个孩子。因为这个堂哥字"让山"，所以他把李商隐的字起为"义山"。单从这个行为来看，两家的关系不错，往来应该也很频繁。

所以，虽然在洛阳，李商隐并不一定能回到之前的社交圈子里，但好歹他堂哥会给他一席容身之处，给他饭吃，给他地方住，不会把他赶出去。

考虑到上面诸多因素，接下来的日子里，李商隐自然更愿意在洛阳停留，也许还住了很长一段时间。在这个过程中，一来二去，李商隐就认识了柳枝姑娘。

如果不是因为和李商隐这位大诗人有关，历史上根本就不会记载这么一个平常得不能再平常的女人。现在，我们之所以知道她的存在，也完全是因为李商隐后来写下的《柳枝五首》。

花房与蜜脾，蜂雄蛱蝶雌。
同时不同类，那复更相思。

本是丁香树，春条结始生。
玉作弹棋局，中心亦不平。

嘉瓜引蔓长，碧玉冰寒浆。
东陵虽五色，不忍值牙香。

柳枝井上蟠，莲叶浦中干。
锦鳞与绣羽，水陆有伤残。

画屏绣步障，物物自成双。
如何湖上望，只是见鸳鸯。

和处士叔的真名已不可考一样，柳枝姑娘到底叫不叫柳枝，也是没法确定的事情。因为，在当时，大家习惯于把苗条柔弱的年轻姑娘称作柳枝或者杨柳。在诗文里，也经常会把杨柳或者柳枝拟人化，把它们看作是这样的姑娘。所以，可能这个姑娘的大名或者小名真的叫柳枝，或者这是别人对她的美称，或者只是李商隐个人对她的称呼。

以上种种，都是有可能的。

不过，有这样几点，我们是完全可以确定的。那就是：第一，她年轻，身材好；第二，她是个姑娘。

反正，名字只是个代号而已，既然李商隐叫她柳枝姑娘，我们就姑且也这么叫。

这位柳枝姑娘是个什么情况呢？

她是李商隐堂哥的邻居。她家不缺钱，因为她父亲是个商人，能把一家人养活得不错。尽管后来其父外出经商途中，在湖上遇到风浪，出了意外，不幸客死他乡，但也留下了丰厚的家产。所以，柳枝的母亲带着一群孩子，靠着这些钱财，生活得也不错。

这些孩子里，当然有儿有女。但依赖于唐朝不是特别重男轻女的氛围，再加上个人喜好，母亲对于柳枝的喜欢，甚至超过了对儿子们的喜欢。

由此可见，这个女孩，一开始是在不缺钱的环境下，被捧着、宠着长大的，以至于到了十七岁还是这样。一般的姑娘，在这样的年纪，早就都谈婚论嫁了，但家里还是由着她，怎么舒服怎么来，没有管束得太过严苛。

柳枝很有音乐天赋，脾气活泼，还有一点任性，平时想到哪里，做到哪里。比如说，有一天早上，她起床以后，本来正被丫鬟伺候着梳头，梳着梳着，不知道想起了什么，突然跑了出去，忙着弹琵琶了。

当时，诗和歌本质上是差不多的。诗不是用来读的，而是用来唱的。就像宋代的词一样。文人们写好了文字，需要配乐，再找专门的人唱出来。因此，一个喜欢音乐的姑娘，自然也会对诗感兴趣。更何况，二者本就同属文艺的范畴，有很多相通之处。

关于柳枝姑娘的这些情况，在堂哥家住得久了，李商隐自然也有所耳闻，又想到自己老大不小，在外面这么多年，没真正喜欢过哪个姑娘；又总是科考失利，心情难免沉闷，觉得前途迷茫，不想再努力，与其继续和科举考试死磕，不如找个老婆，谈婚论嫁，过一过柴米油盐的小日子。虽然柳枝只是商人的女儿，社会地位有点低，两个人结合后，也算和考试做官这条路彻底无缘，但柳枝姑娘家里有钱，总也是个保障，以后的日子，应该不会过得太差。

如果柳枝姑娘接纳他，愿意嫁给他，以后就老老实实过日子。就算因为各种各样的原因，最后没成，多认识一个姑娘，两个人有所接触，也有助于排解郁闷的心情。

出于这样的想法，他决定让堂哥给自己搭这个线。他翻了翻之前写过的诗文，选来选去，最终把学道时期写的《燕台诗四首》

拿出来，交给堂哥，让他找个机会，读给柳枝姑娘听，看看对方的意思。

虽然说，他堂哥李让山是柳枝姑娘的邻居，但两个人平时肯定不会熟悉到单独相处的地步。毕竟，女子的名声还是挺重要的。所以，在接受了李商隐的嘱托以后，李让山也只能站在柳枝姑娘家的院墙外面，故意装作读诗的样子，借以试探柳枝姑娘的反应。

为什么李商隐不自己做这件事呢？首先，他比较内向害羞，直接做这样的事，大概率拉不下脸来。其次，他觉得柳枝姑娘对李让山更熟悉，成功的可能性会大一点。如果亲自去，就算柳枝姑娘觉得诗写得好，也不一定愿意出来和自己搭讪。

果然，李让山刚读完组诗里的《春》，柳枝姑娘就被吸引了。她一出门，看是李让山，好奇地开口问了起来。

"刚才那首诗真好。是你写的吗？"

"我哪有这本事。那是我堂弟李商隐写的。这只是其中一首。你要是喜欢，过两天，我再让他把别的诗也送给你。"

"那可真是太好了。"

看来柳枝姑娘态度不错，李让山接收到信号，很为堂弟感到高兴，赶紧回去报信。李商隐听完，自然也大喜过望，哪还等得了两天，第二天一早，就和堂哥骑着马，一起来到了柳枝姑娘家。

柳枝姑娘之所以那么说，当然也不只是喜欢诗。她一厢情愿地觉得，能写得出这样诗句的人，一定也是英俊潇洒的，至少应该是个多情种子，感情世界比较丰富。她愿意见一见这样的年轻人，也希望给对方留下好印象。所以，见李商隐兄弟之前，她精心打扮了一番。

李商隐来了以后，按照约定，把其他几首诗交给了她。柳枝姑娘看完，也很喜欢，于是发出了进一步的邀请。

"三天以后，家里人都出去了，会很清净，到时候，我点上好香，备上好茶，你再来吧。"

李商隐当时应该是答应了。但真到了那天，他却失约了。

之所以会这样，可能是因为，他没那么喜欢柳枝姑娘。没见面之前，想象得太过完美，见了面，发现对方还是有挺多缺点。也可能是因为，他转变了主意，不想和她有进一步的发展了。

在唐朝，通过婚姻关系进官场，或者进入上层，是很普遍的一种现象。如果娶了一个大官的女儿，对前途是很有帮助的。所以，如果一个文人有几段风流韵事，是值得称道的，还会被人觉得有本事，但如果真娶了商人的女儿，就相当于彻底放弃自己的前途了。

不仅如此，有的读书人，本来和糟糠之妻的关系非常好，也在对方的帮助下，一举高中。但为了以后的前途，往往又娶了某个大官的女儿，把原来的妻子抛弃了。

截至目前，我们并没有从李商隐那里看出愿意为女人放弃前途的意思。别说是为女人，为了什么都不行。功成名就，光宗耀祖就是他存在的价值和意义。

的确，决定认识柳枝姑娘之前，他可能有过一段时间的颓废期，但过了几天，心境有了变化，也就后悔了。或者，见了面，去家里打量一番，发现这家人的实际状况并不像自己想象的那样，也就干脆放弃了。

对于为什么失约，李商隐自己又是怎么解释的呢？说是有个朋友，本来要一起去京城赶考，但对方搞了个恶作剧，不仅自己先走了，还把李商隐的行李也偷偷带走了。李商隐无奈，只好马上去追，所以就没有再去见柳枝姑娘。

这个说法是否可信，我们先不做评论。单说柳枝姑娘后来的命运。那天，她等来等去，最终没有等到李商隐。后来也没有再和别人有过接触，最后嫁给了东面的一个大官。

不要觉得这个结局不错。当时，商人的女儿，就算家里再不缺钱，自己长得再漂亮，社会地位也很低，基本上不可能做正妻。她大概率只可能做妾，或者干脆就是在官府里做了艺妓。

这个消息是大概半年后李让山去长安看李商隐的时候带给他的。李商隐听完后，心里比较复杂。可以说，哪怕是基于外貌，他也不可能一点都不喜欢柳枝姑娘。而两个人之所以错过，完全是他一手造成的。

在这里，我们可以好好分析一下，李商隐说的"不得已去追朋友，所以失约"的说法是否可信。其实，这不过是个借口。

因为在《柳枝五首》里，开篇就已经点出了真正的原因。那就是，两个人身份不同，一个是小官僚家庭出身，一个是商人家庭出身，不是一类人，是不适合在一起的。至少，李商隐觉得，两个人不适合在一起。说得再直接点，就是，如果真在一起，自己的前途就全完了。

我们甚至可以说，李商隐的失约，可能也是良心发现的结果。本来，他想邂逅一段感情，纾解一下郁闷的心情，给自己糟糕的生活找点乐子。但见了面之后，发现柳枝姑娘天真可爱，实在不忍心这么利用，所以才决定，与其让她后来伤心，不如一开始就断了她的念想，不要做这种事的好。

时至今日，一千多年过去了。真相到底是怎样的，早已无从考证。我们只能确定一点。那就是，李商隐肯定是出于主观选择，最终辜负了柳枝姑娘。

以现在的标准看，很多人都会认为，李商隐这样的行为是很令人不齿的。确实，他这样对不起柳枝姑娘，的确令人唏嘘。但每个人的追求不一样，有人愿意为了爱情放弃一切，有人却愿意为了功成名就放弃一切。

第九章
嫩笋一寸心

李商隐无疑更接近于为了功成名就放弃一切那一类人。到目前为止，他已经考了三年。无一例外，一直没什么效果。

不仅如此，按照当时的习俗，在考试之前，大家可以自由"行卷"。在这方面，他也从来都没有任何收获。

什么叫行卷？具体可以分为两种。第一种是官方的。也就是说，正式考试之前，先要交给主考官之前写过的文章，便于展示水平。不过，原则上来说，这些文章的好坏，不会对考试成绩有直接的影响。

话虽如此，但第一印象毕竟很重要。谁会不认真对待呢？但和科考方面的其他事情一样，在这件事上，依然有很多空子可以钻。代笔，剽窃，也都屡见不鲜。

李商隐在这方面，倒不至于弄虚作假。可他交的这些文章，确实有很多不是独立完成的，而是借助令狐绹，也就是在令狐楚的二公子帮助下完成的。但这应该也不是他自愿的。

因为，根据他后来的描述，好像对此颇有不满，言语之间，也有阴阳怪气的嫌疑。

对此，他是怎么说的呢？

"我倒是没那么积极，令狐绹那边，可比我积极得多。"

他这么说，可能是为了要面子。毕竟，别人都这么帮他，他还没考上，实在有些丢人。如果漫不经心，随便考考，没有结果，也就罢了。可他那么想求取功名、光宗耀祖，又怎么够都够不着，也就只能故作不在乎了。

不管他怎么说，令狐绹对他的帮助都是实实在在的。令狐绹为什么想帮助他？原因也有很多。一方面，两个人之前就有交情，关系不错，现在李商隐总考不中，作为朋友，令狐绹理应伸出援手。另一方面，也可能是令狐家理亏，觉得没有为李商隐说上话，才导致他这么多年都没有考上，这方面再不帮一下，就真的说不过去了。还有一方面，可能是觉得李商隐脾气太直，虽然他在行文技巧方面没问题，但文章里体现的一些观点不对主考官的胃口，让他自己写的话，肯定要坏事，正是为了他的前途着想，所以才非要帮他。

实际上，李商隐的确也是这样的人。因为行卷的第二种方式，就和他最初在洛阳做的事差不多——挑几篇得意的文章，呼朋唤友地拉关系，让人介绍给达官显贵们看，希望得到对方的赏识和推荐。

李商隐这个人，不仅脾气耿直，也不会灵活变通。或者说，他看人的眼光有问题。一般来说，想要别人赏识你，总要找个三观相合的人吧。可是，好像一直到这个时候，李商隐都简单地认为，只要足够有本事，就能得到别人的认可。

因此，在作第二种行卷的时候，他也不看对方是谁、喜欢什么，见别人都投给谁，自己就也投给谁。或者说，他这么做，也是有广撒网的嫌疑。毕竟，投得多了，中的概率也就变大了。这是一种简单的概率学。

这个理论，在一般人身上，也不是不能实现。只可惜，李商隐的思想实在过于小众，想找到一个欣赏他的人，真是太难了。即便投了这么多，也都是石沉大海、杳无音信。到最后，别人都看不下去了，劝他说，你别再这么投了，你这种风格和想法的，适合投给谁谁谁。他倒也听从了，但依然没什么效果。

谁要是总被这么冷落，心情也不会好到哪里去。在这个过程中，李商隐的性格也悄悄地发生了一些变化。从一开始觉得自己还算有两把刷子，变得开始怀疑人生。为什么我总是这么倒霉呢？到底是哪里出了问题呢？但这个时候，他还不是很通晓人情世故，这也是他很难比得上令狐楚的地方。他一门心思地觉得，自己之所以会这么难堪、这么落魄，不是因为没本事，而是因为别人都没眼光，看不懂自己写的东西，没法理解自己的想法。

尽管他真是这么想的，但也不能说出来，只能默默地在心里不满，因为他肯定知道，达官显贵，自己是惹不起的。所以，如果总收不到消息，他觉得人家的意图也就很明显了，就是看不上自己的东西，也不敢主动去问，害怕又遭别人的白眼，得到二次伤害和打击。可是如果不问，他心里又总憋着一口气，更是不舒服，进也不是，退也不是。

反正有一点是可以肯定的，那就是没人欣赏自己的东西。

看到实在没有希望，大和七年（833）以后，他也就彻底灰心丧气，不再这么做了。不仅如此，下一年的考试，他也不打算参加了。

虽然不想考试，但总得找个出路。这时候，李商隐的运气总算稍微好了一点。因为他的老上司萧澣终于结束了被贬的日子，回来当了京官。想到之前落魄的时候，曾许诺帮助李商隐，萧澣想兑现诺言，但他之前答应的，是在科考方面帮助李商隐，现在他不管科考这一块，不好主动惹麻烦，就想在别的方面帮一帮。

于是，萧澣联系上了他。说有个朋友在华州做刺史，叫崔戎，推荐李商隐去那里做幕僚。

李商隐得知这个消息，当然很高兴。萧澣此次出手相助，几乎就相当于雪中送炭。

华州在现在的陕西境内，大体相当于现在的渭南，著名的华山就在华州境内。在当时看来，地理条件不错，很近。更何况，崔戎也算是李商隐的亲戚，还是很近的亲戚。他和李商隐的老师处士叔是表兄弟，所以也算是李商隐的表叔。但和处士叔不一样，他的祖先封过王，祖父做过刺史，父亲也做过不小的官。最主要的是，崔戎本人也心胸开阔，不会钻牛角尖，知道进士科难考，也就根本没考，而是考了相对好考的明经科。

考得功名后，崔戎做过一段时间的幕僚。因为会办事，解决了不少问题，他最终当上了地方官，后来又被征召入朝，多少年来，始终本分做官，不拉帮结伙，也没什么坏心眼，算是个比较称职的好官。

李商隐跟随处士叔学习的时候，崔戎还见过他一面。当时，崔戎去看望处士叔，劝他出去找个事情做，总待在家乡不太好。但是，很明显，处士叔并没有听他的。

时隔多年，李商隐再次见到崔戎。崔戎得知他这些年的经历，非常同情，又看了看他的文章，觉得还是有些才华的，就让他帮忙写了几篇公文。其实也不是什么重要的文章。就是前段时间，唐文宗生病了，这段时间又好了。崔戎想写几篇文章祝贺一下。李商隐写完以后，崔戎看了，觉得还不错，就拿给自己的幕僚看。幕僚们看完，也觉得很好。于是，李商隐被留了下来。

本来，崔戎想给他一份差事。但他已经有了自己的班子，随便动谁，把李商隐安插进去，都不太好。

更何况还出了这样一件事。

李商隐去华州时，刚好是春天，万物萌发，有很多好吃的，其中就包括春笋。就算崔戎不是铺张浪费的贪官，在这个季节里，呼朋引伴，一起喝点酒，吃点时令鲜蔬总不过分。

正是这件事，给李商隐带来了不少麻烦。

崔戎虽然不算太高级的官员，无奈朋友多，一起吃吃喝喝的也总有很多是有头有脸的人。酒过三巡，菜过五味，大家又都是文人，吃饱喝足，总要写点诗文。轮到李商隐的时候，他突然看到刚上的嫩笋，也不知道是哪根筋搭错了，竟然写出了这样一首诗来。

嫩箨香苞初出林，於陵论价重如金。

皇都陆海应无数，忍剪凌云一寸心。

这首诗的名字叫《初食笋呈座中》。什么意思呢？就是我第一次吃这种笋，把感想说说，呈给你们看。也许，他吸取了之前的教训，没有写得太晦涩难懂，倒是很直白，只要稍微有点文学修养，都可以看懂。

这首诗是什么意思呢？翻译成白话就是：这种笋又嫩又香，品质很好，哪怕在於陵，和著名的般肠竹笋相比，也是上品，价钱一定非常昂贵，就像黄金一样。只可惜，它们刚长出来，就被人狠心地挖走了，本来，在京城长安附近，应该长着无数的竹林，但人们这么早就把竹笋挖出来了，竹笋的凌云之心又怎么能实现呢? 它们根本就长不成竹子了呀!

看看, 这到底是多么不会说话。在场的都是文人, 就算直接说话, 也都难免会想多, 更别说李商隐这么说话, 就算没那个意思, 也难免会被人当成话里有话。

也许, 他本来只是慨叹自己的境遇——多次科考没有结果, 都是因为被权贵给排挤了, 弄夭折了。自己就像嫩笋一样。但考虑到在场诸位的身份, 这话就有点刺耳。手里有点权力的人, 谁没干过类似的事情! 听李商隐这么说, 难免觉得他在讽刺自己。就算是那些和李商隐差不多的幕僚, 听完了, 也会觉得不怎么舒服。

不过, 大家都是成年人, 即便心里不舒服, 嘴上也不会说什么, 甚至还有一些居心叵测的人, 给他喝彩, 说他写得好。

这些事, 崔戎自然看在眼里, 于是, 之后更没有给他安排幕僚一类的差事。这么爱得罪人、没情商的人, 谁用了谁麻烦。但既然是萧瀚介绍来的人, 外加也算是自己的亲戚, 不好直接赶走。想来想去, 他就又让李商隐操起了老本行——陪读。

没过多久, 就是夏天, 崔戎的大儿子崔雍和二儿子崔衮, 外加几个侄子还年轻, 需要勤奋备考。夏天太热, 崔戎舍不得孩子们在高温下刻苦学习, 就想把他们送到山里。当然, 可能这也只是个借口。真实的目的, 就是要把李商隐支开, 少在面前给自己惹麻烦, 扰乱幕府里本来挺和谐的关系。但表面上, 当然不能这么说，于是，崔戎就对李商隐说，孩子们都还小，需要个人陪同，要不你就去吧。

干这种事，李商隐向来在行，而且，说不定那时候，他也觉察到幕府里的其他人不太待见自己，也就顺势答应了，和表弟们在山里一直待到秋天才回来。

回来之后，崔戎也还是那个态度，没想给他安排别的差事。李商隐也看出来了，就非常识趣地告辞了。

不过，从本质上来说，崔戎对李商隐还是充满同情的，知道他家过得困难，冬天的时候，还特意派人送去很多东西。李商隐对此非常感激，发自内心地对崔戎表示了感谢。

冬天过完，崔戎被调到兖州，也就是现在的山东兖州，总算可以新找一批幕僚。从情感上，他能理解李商隐为什么当时写那么一首诗，何况，自己调动以后，之前的幕僚也不剩几个了，想了又想，就对李商隐发起了邀请。

李商隐自然不会拒绝，只可惜，崔戎五月上任，只过了一个月，就得上霍乱，很快病死了。临死前，他委托李商隐写了最后一份公文，也就是遗书一样的东西，对皇帝交代了最后的事情。这份东西，也就是前面，令狐楚年轻的时候，作为幕僚，给府主写过的东西。

但这份东西一被送到皇帝面前，也就代表着，新官马上就要来了。新官当然会带着自己的幕僚上任。也就是说，李商隐的幕僚工作，又不幸地做到头了。

接下来，他又要给自己找个什么出路呢？

　　和之前没有任何区别，当不成幕僚，李商隐还是想继续考试。那年秋天，他再次前往京城，想给自己挣一份功名。

　　在京城的时候，想起崔戎生前对自己的好处，还特意去了一趟崔戎家的老宅子，看望了一下正在服丧的表弟们。

　　之后就是考试。得知自己没有考中，李商隐再一次沮丧地离开了。

　　又过去了半年多，京城发生了一件大事。虽然这件事没有直接波及李商隐，却在上层统治阶级造成了剧烈的动荡，影响了包括令狐楚在内的许多大官。因此，也算是间接地影响了李商隐的命运。

　　这件事，就是历史上著名的甘露之变。

　　和大部分人的想象不同，在漫长的中国古代史中，皇帝从来不是为所欲为的——在后宫不能，在朝堂之上同样不能。至少在皇权被相权制约、中央集权被地方分权制约的时候，皇帝的位置并不好坐。身为皇帝，不仅要小心谨慎地平衡各方面关系，稍不留心，还要受气。不是受位高权重的大臣们的气，就是受雄霸一方的节度使的气。

为了避免受气，皇帝们想出了各种各样的应对办法。有的依靠外戚，有的依靠宦官。但依靠外戚的，很容易被架空，进而让江山都改了姓，比如说，西汉的王莽就是外戚出身，后来妥妥地抢了刘家的天下。而依靠宦官也很危险，因为这群人不仅平时能闹出很多麻烦，在关键时刻，因为近水楼台的关系，甚至可以操纵皇帝的废立。

东汉末年，就发生过不少这样的事情。唐朝也差不多，尤其在中唐以后，或者说安史之乱以后。虽然说安史之乱最终被平定下来，没有影响到李家的江山，但这场动乱，使得中央集权被大大削弱，地方上的节度使变得越来越厉害，甚至往往不把中央放在眼里。

皇帝为了壮大势力，稳固位置，只能拉拢身边的宦官。也正因此，从唐朝的第十位皇帝，唐顺宗李诵开始，宦官就开始大肆操纵朝政。更是有一种说法，说李诵根本不是病死的，而是被宦官暗害死的。不过这没有充分的证据，只是一种推测。

李诵死后，他儿子李纯即位，即唐朝的第十一位皇帝，唐宪宗。如果没有宦官们的拥戴，他根本坐不上皇位。即便如此，后来，在他病重的时候，同样是被宦官杀死的。

当然，当初拥立他的宦官和杀死他的宦官并不是同一个人。但这些宦官之所以要杀死他，一个最重要的原因，当然是为了皇位。

原来，李纯有几十个儿子，其中，势力最大的是第三个儿子李恒。所以，从客观形势来看，他不得不让李恒继承皇位，但他不喜欢这个儿子，也不想把皇位传给李恒。如果这个时候，他身体健康，也许出不了太大的事情，但偏偏他病重了。于是，宦官们干脆弄死了他，拥立李恒做下一任皇帝，也就是唐朝的第十二位皇帝，唐穆宗。

杀死唐宪宗的宦官里，有一个重要人物，叫王守澄。王守澄一直是伺候李恒的，他希望李恒当皇帝也算情有可原。王守澄手下还有个人，叫郑注。这个人本来姓鱼，后来改姓了郑。他出身低微，长相丑陋，眼睛还不好，本来是个江湖郎中，后来因为治好了襄阳节度使的病，被委以重任。

一开始，王守澄不喜欢郑注，还想杀死他，襄阳节度使为郑注说好话，还建议王守澄先见见郑注再说。王守澄觉得也行，结果见了郑注以后，觉得这个人很会说话，有一点脑子，也就改变了心意。不仅如此，一来二去，两个人还成了朋友。不管到哪里，王守澄都把郑注带在身边。后来，他被调回京城，也把郑注带回来了。

李恒虽然即位，但他毕竟是第三个儿子，上面还有两个哥哥。大哥早死，不用担心，二哥却不得不防。忠心耿耿的王守澄当然明白这一点，他干脆利落地帮李恒除掉了这个人。从此以后，更是深得信任，势力大增。

没过多久，王守澄把郑注介绍给了李恒。因为郑注会医术，还会察言观色，很受李恒喜欢。借此，又依靠着王守澄的权势，郑注开始结交朝臣，渐渐地发展起了自己的势力。

李恒只当了四年皇帝，就病死了。接替皇位的是他的长子李湛，也就是唐朝的第十三位皇帝，唐敬宗。李湛喜欢打猎，有一天晚上，打猎回来，不小心喝多了酒，被跟随在身边的宦官刘克明趁机杀死。

刘克明为什么要这么做呢？因为他打算让李湛的六叔，也就是绛王李悟执掌大权。

但王守澄非常厉害，他怎么可能让刘克明的阴谋得逞？如果李悟做了皇帝，在宦官这一群体中，刘克明必将取代他的地位。所以，他得知消息，第一时间派兵杀死刘克明和李悟，立了李湛的二弟，江王李昂为皇帝，也就是唐朝的第十四位皇帝，唐文宗。

李昂既然是被以王守澄为首的宦官推上皇位的，即位之后，当然要重用王守澄。自此，王守澄掌握军权，势力更大。

郑注依然从事老本行，有一次还治好了李昂的病。他不仅会治病，还会逢迎拍马。李昂想在曲江造亭子，又担心大臣们说自己大兴土木，劳民伤财。郑注知道李昂难办，主动递话，说秦中最近有灾，应该修点亭台楼阁，冲冲喜，李昂听了，顺水推舟，对郑注更喜欢了。

郑注也有个手下，是大官李逢吉的侄子李训。和郑注不一样，李训长得高高大大，仪表堂堂。但他爱吹牛，还自以为是，在一肚子坏心眼方面，倒是和郑注如出一辙。

早年，李训一直跟着叔叔李逢吉做事，后来听说郑注得到大宦官王守澄的青睐，觉得郑注一定能青云直上，就想去投奔。李逢吉听说了，也表示赞同，还给他很多金银财宝，让他代替自己送给郑注，希望郑注能帮自己升官。

郑注见到李训带来的东西，高兴地收下了，也尽自己所能，为李逢吉说了话。叔侄两人借了郑注的东风，在朝廷里占了一席之地。

但当时的宰相李德裕，也就是牛党的代表之一，觉得李训是个小人，多次对皇帝说，这种人不适合留在身边。李训、郑注，乃至于王守澄听到这样的话，怎么可能高兴呢？他们早就知道牛李党争的事，就使了点手段，把李德裕外放出去，把李党的李宗闵调回来，当了宰相。

由此看来，之前说过的牛李党争，到了这个时期，高峰差不多已经过去了。皇帝的新宠是李训、郑注这批人，不管是牛党还是李党，想要压倒这些人，都非常有难度。

而郑注极会察言观色，也知道皇帝一反感党争，二反感宦官，于是一点都不加掩饰，一边打压牛党，一边欺负李党，反正谁要是不听他们的，他们就收拾谁。

收拾你又能怎么样？皇帝早就看你不顺眼了，肯定不会站在你这边。

等收拾完两党，他们又向宦官下手了。

为什么会这样呢？前面说的，唐文宗之所以能当上皇帝，还不是被王守澄这些宦官推上去的？双方不是应该关系很好吗？一开始，的确如此，但身居高位，谁会愿意大权旁落？如果唐文宗不把权力抓在自己手里，王守澄今天能立他，明天也就能立别人。今天能立他，明天就能废他，让人多没有安全感啊！更何况，他哥唐敬宗是被宦官弄死的，他爷唐宪宗也是被宦官弄死的。这么多前车之鉴，让他心里不得不犯嘀咕。

最主要的是，杀死唐宪宗的宦官，主要有两个，一个是陈弘志，一个就是王守澄。虽然说，他们杀死唐宪宗，不是出于本心，而是出于皇位继承的考虑，但身为唐宪宗的亲孙子，如果这个仇不报，未免显得太窝囊。

鉴于以上诸多原因，唐文宗非常想收拾像王守澄那样的大宦官。但宦官势力那么大，他又不能轻举妄动。想从大臣里面找几个亲信，也不知道到底该信任谁好。万一密谋不成，反而被告密，自己岂不是更被动了？

这样的事情，他不是没有做过。四年前，他和当时的宰相研究过这个事情，结果走漏了风声，不仅宰相被贬，弄得自己也很尴尬。

那件事以后，宦官们防范得更严了，行为举止难免也更嚣张了。

所以，唐文宗很清楚，这一次一定要万分小心，最好能一举成功。而说到小心，当然要从选人开始。随着和郑注、李训等人越走越近，他觉得这两个人是不错的人选。因为他们虽然是王守澄的手下，但和王守澄若即若离，并没有那么忠心。王守澄肯定也不会想到，自己和郑注、李训走得近，是为了收拾宦官们，毕竟这两个人是靠宦官才得以拥有今天的地位。

对于唐文宗的想法，郑注和李训很清楚。所以，他们刚收拾完两党，就对依附于两党的宦官们下手了。看其他的大宦官没什么反应，接着就打死了陈弘志，也就是杀死唐宪宗的那个宦官。既然都是凶手，陈弘志死了，王守澄当然也跑不了。

他的下场，是被郑注和李训一起毒死了。

这两个人死后，唐文宗总算出了一口恶气，又考虑到对自己的恩人，郑注都能下此狠手，明天说不定也能这么对自己。再加上比起郑注，李训更像正人君子，至少在外貌上。而且从出身来看，李训也要比郑注好一点。于是，在郑注和李训中间，唐文宗更倾向于亲近李训。没过多久，就让李训做了宰相。

李训也知道郑注是什么人，得势以后，绞尽脑汁地避免郑注也成为宰相，和自己平起平坐。明面上，他对郑注说："宦官还没有被除尽，我们仍需努力。过不了多久，王守澄就要下葬。我留守京城，上书皇帝，让所有的大宦官去给王守澄送葬，你去凤翔镇做节度使，招兵买马。我们里应外合，一举歼灭所有的宦官。"郑注信以为真，还对李训信誓旦旦地说，自己一到地方，就找几百人，趁王守澄下葬的时候，带兵去把他们杀干净。

两个人商量好，郑注就去上任了。但他万万没想到，李训只不过是想支开他，实际有另外一套打算——他打算依靠自己的亲信，提前行动，先把宦官杀干净，再顺手除掉郑注。

大和九年（835）十一月二十一日，甘露之变爆发了。

第十一章

大动乱

眼看就到十二月份，长安已经入冬，天气还是挺冷的。当天，一大早，文武百官照例上朝。但是，金吾卫大将军，相当于禁军长官，并没有按照以往的惯例，向皇帝报平安，而是说，军营院子里有棵石榴树突然开花了，应该是因为昨天晚上有甘露从天而降。

要知道，即便是在一千多年前的长安，石榴树也不可能在大冬天开花。这样奇怪的事情，按照正常逻辑，皇帝当然要去看一看。但当时正在上朝，皇帝不可能搁置手边的事，专门跑去看这个，于是就说："既然如此，李训，你先去看看吧。"

实际上，这本就是李训和唐文宗商量好的。真实目的，是为了把大宦官们吸引去，好一网打尽。

李训装模作样地去了。过了一会儿，他回来说，不确定是不是真的甘露。自己水平有限，还希望皇帝亲自看一看。

"这么大个人，是不是甘露都看不出来吗？算了算了，还是派宦官们去吧。"唐文宗一边埋怨李训没眼光，一边派大宦官仇士良带着手下去了。

如果行动顺利，计划会成功。只可惜，这本来就是一个谎言，这么冷的天气里，石榴树怎么可能开花？更何况，眼看就要发生一件惊天动地的大事。到底能不能成功，还是一个未知数。禁军长官虽然带着宦官们往院子里走，心里非常紧张，头上不停地冒冷汗，脸色也很难看。这让仇士良不得不起了疑心。

等到了地方，一阵风吹过，宦官们又隐约看到了藏在暗处、全副武装的士兵们，心里就更明白是怎么回事了。于是，仇士良一声令下，大家赶紧一窝蜂地往外跑。

"反了！反了！"他们一边跑一边喊。唐文宗一听，心里咯噔一下。毕竟，按照计划，这些宦官应该早就被士兵们杀死了。但事已至此，他也做不了什么，只能装作没听见，试图为李训那边争取一点时间。

李训一看事情败露，也很慌乱，急中生智，赶紧叫守卫在大殿里的士兵们上前护驾。说白了，也就是保护皇帝不被宦官们抢去。

但士兵们站的地方离皇帝很远，至少，比宦官们远得多。更何况，做这些事，宦官们比士兵们熟悉得多。正在士兵们往前跑的时候，一群宦官冲上来，不由分说地把唐文宗抬到轿子上，一溜烟地往大殿后面跑了。

李训见士兵们指望不上，又气又急，连忙自己拉住轿子，想硬把皇帝留下来。无奈宦官人多，他根本拉不住，却又舍不得放手，只好死死拉着轿子，两条腿风火轮般跟着跑。

好在这个时候，士兵们终于冲到大殿上，开始杀宦官了。宦官们猝不及防，死伤惨重。但李训那边依然寡不敌众，还被一个宦官打了一拳，倒在地上，眼睁睁地看着唐文宗被宦官们抢走了。

李训爬起来，知道这件事算是完了，赶紧找了个小官，花言巧语，和对方换了衣服，趁乱跑出了宫。以王涯为首的其他几个宰相完全不知道发生了什么，只好先去了中书省。别的官员，也都回到自己办公的地方，等候消息。

仇士良把唐文宗抢回来，稍微想了一下，终于明白，今天这件事，唐文宗就算不是主谋，也一定是知道的。于是难免给唐文宗脸色看，唐文宗见身边全是宦官，自己在别人的屋檐下，也没什么办法，只好低了头，别人说什么，也就听什么，也不反驳，也不说话。

不过，出了这样的事，虽然抢回了皇帝，算是占了先机，但仇士良也不会就这样善罢甘休。眼看快中午，他集结了一千多士兵，打算大开杀戒。

不明就里的大臣们正准备吃午饭，饭还没吃到嘴里，外面忽然有人来报，说来了一群士兵，见人就杀。大家听完，也顾不上吃饭，赶紧往宫外跑。跑得慢了的，自然成了刀下之鬼。那些跑不了的办公用品，也被砸得稀里哗啦。就算跑得快，一群手无缚鸡之力的书生，能有士兵们快吗？更何况，宫门早就被关上了，根本就跑不出去。于是，六百多官吏就这么死了。

仇士良不仅杀官吏，在宫里做生意的、打杂的……凡是活人，见一个杀一个。谁知道这些人是不是李训的同党？就算不是，这些满口仁义道德的大臣，也没一个好东西。所谓的平民百姓，平日里见了宦官，表面恭敬，实际还不是瞧不起！

杀，都该杀！

就这样，又死了一千多人。但是，清点尸体后，发现里面并没有李训，也没有别的宰相，仇士良赶紧派人出城去搜。

士兵们借着这个机会，不止搜查和甘露之变相关的人，还大肆抢劫之前早就盯上的富户。前岭南节度使胡证就在其中。士兵们借口说其中一个宰相藏在他家，不仅闯进去，借搜查之名，行抢劫之实，还杀了他的儿子。

给官家当差的士兵都这么干了，下面的民众更是乱作一团。趁乱，有些心术不正的人也开始借机抢东西、杀人、报私仇。

一时间，长安城里城外，喊杀声、哭闹声响成一片，死伤不计其数。

即使闹到这个地步，一时半会儿，也没抓到李训，只抓到了宰相王涯。虽然仇士良心里清楚，李训并不是谋反，而是要诛杀宦官，但自己闹这一通，一定要名正言顺。于是，他亲自对王涯刑讯逼供，逼他说李训和宰相们串通好，要推翻唐文宗，拥立郑注当皇帝。

王涯当时已经七十多岁，哪受得了这样的折腾，最后不得不屈打成招。

二十三日，百官上朝的时候，唐文宗问，宰相们怎么没来？仇士良趁机说，他们因为谋反被抓住了，还呈上了王涯的供词。唐文宗看完，又急又气，问令狐楚和另一位大臣："这是不是王涯的笔迹？"

二人看过以后，说的确是王涯的笔迹。于是，唐文宗认定这份口供是真的，更生气了，决定从重处理这件事，让令狐楚写一份诏书，把李训、王涯等人的罪行昭告天下。

令狐楚心里很清楚这是怎么回事，只是随便写了写。仇士良本来想在这件事情后，让他接任宰相，一看他写得不好，也就改变了主意，派他做了别的官。

再说李训，从宫里逃出去后，本想去投奔自己的朋友——在终南山修行的一个和尚。和尚也打算把他藏起来，但迫于徒弟们的压力，不得不改变想法。

李训无奈之下，又去投靠郑注，却在路上被抓住了。本来，士兵们想把他押回京城，但他担心回去以后，自己的下场更为难看，就劝这些人趁早砍下自己的脑袋，送回去领赏。

那些人也的确这么做了。

李训死后，家里的男丁，不论老幼，全都被杀。女眷则被充作官家奴婢。没过多久，其他宰相也被抓住，先是游街，然后被腰斩，最后被砍了头，挂在城门口示众。

郑注死得要晚一些。本来，他按照约定，已经带人出发，走到半路，得知李训失败，就又回去了。但仇士良不会这样就放过他，很快就找到了他的监军张仲清，命令张仲清杀郑注。

张仲清不想干，一个叫李叔和的人说："不用您动手，我来动手。借用一下您的名义就行。"张仲清同意了。于是，李叔和以张仲清的名义把郑注请来。郑注进了门，刚喝完茶，就被一刀砍下了脑袋。

郑注死后，他的亲兵、家眷、同党全都被杀，共计一千多人。他的家产尽数被抄，他自己的脑袋也同样被挂在城门口示众。

到这里，持续了一周左右的甘露之变，算是落下了帷幕。长安城内，渐渐又恢复了平静。在这场动乱中，虽然确实杀死了一些宦官，但对整个宦官集团来说，损失的不过是九牛一毛。相对而言，官僚队伍却遭受了巨大的损失。而始作俑者唐文宗，虽然还在做皇帝，却被宦官控制得更加严密，没有获得任何实际的好处。

但从个人的角度说，他的心态似乎并没有因此受到太大的影响，仅仅在几个月后，他还是像以前一样，大肆宴请百官。

不过，这件事对于令狐楚的震动非常大，他很同情包括王涯在内的那些宰相，也更不想搅合朝廷上的浑水。本来，在官场上，他之所以八面逢迎、圆滑处世，就是因为想明哲保身。现在，眼看连这也成了奢望，就更想远离这个是非之地，远离皇帝和大臣们。

因此，这次宴请，令狐楚借口自己生病，并没有参加。之后的日子里，他也多次因为厌恶宦官专权，不想被波及，请求辞官，告老还乡。唐文宗虽然没有同意，却也明白他的意思，最终采用折中的办法，派他离开京城，再次外出做官。

第十二章
满目疮痍

不幸中的万幸，甘露之变的时候，李商隐并不在京城，所以，他既没有亲眼见识到种种人间惨剧，也没有因此受到任何实质的损害。但京城发生了这样的大事，就算古代的消息传播速度比不上现在，这件事，或早或晚，李商隐也一定是听说了的。

他听说了以后，会怎么想呢？其实，他怎么想都无可厚非。和大多数的百姓一样，上层的动荡和他本来就没有太大的关系。他知道这件事以后，可能会震惊，可能会谴责专权的宦官们，可能会埋怨李训和郑注，但更多的，应该是一种旁观者的庆幸。

甚至，从不厚道的角度说，这件事对于李商隐的个人前途，可以说是有利而无害的。因为朝廷损失了大批官员，急需人才补缺。因此，接下来的考试非但不会取消，还会容易许多。

果然，新年过完，虽然人们还没有从甘露之变的阴影中彻底走出来，朝廷还是决定，下一年的科举考试照常进行。李商隐得知这个消息，当然非常高兴。但他也担心会有变故，于是早早来到长安，想先打探一下情况。

时值早春，虽然冬天已经过去，寒气依然经久不散。长安城经此一事，元气大伤，酷似安史之乱后的东都洛阳，虽然在努力恢复，但萧条败落的气象，是无论如何都掩不住了。权贵们在这场大清洗后苟延残喘，企图休养生息，百姓们也依然惶恐不安，风声鹤唳。

李商隐先是去了熟悉的街巷、商铺，只见一片冷清；然后去了文人们经常去的曲江池、乐游原一带，发现更是萧瑟不堪，令人唏嘘。

曲江池，就是前面提过的唐文宗想在那里造亭子的地方。事实上，早在秦朝的时候，因为这里水道复杂曲折，风景优美，秦始皇就盖了离宫，修了园林，起名为宜春苑。

什么是离宫？就像别墅一样，是京城以外、皇帝外出居住的地方。

汉武帝时，因为水域面积大而曲折，像广陵那里的江一样，这里被改名为曲江。后来又挖了人工河，扩修了宜春苑，命名为宜春后苑。

汉宣帝特别喜欢这里，亲自赐名为乐游原。隋朝建立后，所有的水道被纳入一座城池中，改名为芙蓉池。唐承隋制，进行了大开发，不仅开凿水道，还修建了很多亭台楼阁，命名为曲江池。鼎盛的时候，这里的水面面积接近 1 平方公里，总面积约 2.4 平方公里。

曲江池范围内的乐游原，是唐代长安城的最高点。站在这里，极目四顾，可以俯瞰京城所有的景色。唐玄宗在位的时候，每年的上巳节和中元节，都要在这里大宴群臣。金榜题名的读书人，高中以后，也要在这里吃吃喝喝，吟诗作对，一度成为长安一景。

只可惜，这样的盛况，李商隐无缘得见。因为，早在安史之乱后，曲江池就大不如前了。一直也没有重新修缮。这不，唐文宗刚修了亭子，马上就遇到了甘露之变。从那以后，曲江池也就再也没兴盛起来。李商隐这次去曲江池，写下了一首诗《曲江》。

望断平时翠辇过，空闻子夜鬼悲歌。

金舆不返倾城色，玉殿犹分下苑波。

死忆华亭闻唳鹤，老忧王室泣铜驼。

天荒地变心虽折，若比伤春意未多！

从这首诗里，我们可以看出，李商隐对于唐朝的未来比较担忧。他十分担心会发生大动乱，又想到，没有生逢乱世，自己的命运尚且如此，一旦遇到兵荒马乱，生活又该变得多么艰难呢！此来长安，一路所见所闻，不由得让他思虑起来，也让他的诗歌中增添了不少的历史性和政治性。

关于甘露之变，他也写了一些诗歌，表达了自己的想法。因为之前从来没有遇到过这样的大事。李商隐不仅写得十分认真，还谨慎地标上了时间。但他是不站在任何人这一边的。他觉得：以仇士良为首的宦官滥杀无辜，李训成事不足败事有余，同时对唐文宗的所作所为，也表示了一些不满。

对于前面提到的胡证事件，他也表达了自己的看法。在诗里，李商隐假托一个用人的身份，表达了自己的看法。《故番禺侯以赃罪致不辜，事觉母者，他日过其门》：

饮鸩非君命，兹身亦厚亡。

江陵从种橘，交广合投香。

不见千金子，空余数仞墙。

杀人须显戮，谁举汉三章？

翻译成白话，大概是什么意思呢？意思是：你就这么死了，不是你该有的遭遇。但谁让你是个贪官，敛了这么多本不属于你的财富呢？你生前过得那么好，现在儿子死了，家产也被抢光了。还剩什么了？真是一场空。但是，那些杀了你的士兵也是没有道理的，即便杀人，也要杀得明明白白，想当年，汉高祖刘邦的约法三章，里面明明白白地写着杀人者死呀！看来现在的士兵们，已经什么都不记得了。

从客观的角度说，李商隐的确十分公正。这种公正，既显示出了他的勇气和正义感，也显示出了他对人情世故甚至官场朝堂的天真。

不过，好歹他没有对一些更加敏感的事发表看法。比如说，甘露之变中，除了李训，一共死了三个宰相，其中一个是那个七十多岁的王涯，还有一个叫舒元舆，最后一个，算是李商隐的死对头——那个几次担任主考官，几次都没让他考中的姓贾的官员。

虽然很多官员，包括令狐楚在内，都同情王涯，但普通百姓不一定这样。因为王涯生前多次增加茶叶方面的税收，大大加重了人民的负担。他死了以后，百姓非但不同情他，反而拍手称快。

而从私人的角度看，姓贾的遭了难，李商隐心中应该是愉悦的，但他对此一直保持沉默，什么都没说。由此可见，他虽然还像以前一样有正义感，但也逐渐明白了什么话该说什么话不该说。接下来，他再次表明态度，是因为听说有个节度使上书指责宦官。因为这个节度使势力很大，仇士良等人终于有所收敛。

说到底，他毕竟还是有些年轻，面对突然到来的巨大变故，一时间，还是经验不足，不知道该如何应对。在这方面，他的忘年之交白居易和老上司令狐楚就游刃有余很多。前者始终秉承难得糊涂、冷眼相看的态度，后者则明哲保身，远离是非。

坦白说，如果他能像这两个人一样，那么一生的境遇，应该就会好上很多。

第十三章
柳暗花明

只可惜，历史没有假设，人生也没办法重来。那一年，倒霉的运气依然伴随着李商隐。他虽然满怀希望，早早来到长安备考，考完之后，结果一出来，还是一无所获。

按照惯例，每次来长安考试，他都要去令狐家拜访，每次离开的时候，也都要去告别。但这一次，李商隐的确有些心灰意冷了。

首先，自己多次考试落第，令狐家并没有帮任何忙。换句话说，如果帮忙，自己也不一定每次都这样。其次，经历了甘露之变，长安城里一片萧条，不禁让人对考试做官，乃至于红尘俗世产生厌倦之感。

是啊，一群读书人削尖了脑袋，不停地参加考试，只是为了求取功名，顺利做官。可做了官又能怎么样呢？还不是要看宦官们的脸色？只要稍有动荡，不是也丢了性命吗？

除了以上这些原因，李商隐也考虑到，在这场动乱中，令狐家也受到了一些冲击。虽然没有直接的物质损失，却标志着败落的开始。

至少，在李商隐看来，只要宦官继续当权，牛党继续失势，令狐家就很难再恢复之前的辉煌。因为令狐楚的态度已经很明显，他不愿意和宦官们同流合污，对党争兴趣也不大，只希望能够明哲保身。正因为这个，他本来应该做宰相，却被外放做官，眼看也不会再有大起色。对李商隐可能的帮助，也就更有限了。

但他万万没想到，他不再去找令狐家，令狐家竟然来找他。虽然这只能算是二公子令狐绹的个人行为。

前面说到，令狐绹是公元795年生人，李商隐是公元813年生人。两人相差十八岁。大和四年，也就是公元830年，三十五岁的令狐绹考中了进士。虽然考中进士很荣耀，令狐家也的确有背景，但一开始，按照惯例，令狐绹也只是被任命为校书郎，负责校勘朝廷藏书。在这个位置上，他兢兢业业地干了五年多，应该也是有所成就的。至少，并没有犯过太大的错误。于是，等到公元836年，也就是李商隐再次落第的这一年，令狐绹已经顺利升为左拾遗了。

左拾遗是一个什么官呢？从字面上看，它是查缺补漏的。补什么漏？补皇帝思想中的遗漏。也就是说，它的主要功能，是帮助皇帝出主意、提建议的。从组织上来说，它属于三省六部里的门下省，有点类似于监察机构。

既然有左拾遗，当然也有右拾遗。但右拾遗是中书省的，地位也没有左拾遗高。

白居易也当过左拾遗。也正是在这个位置上，他乱说话，才最终被大家排挤，贬为江州司马。由此看来，这个官虽然看起来清闲，实际却非常考验情商和为人处世的艺术。

从后面的发展来看，尽管在后期，令狐楚一直试图和李商隐保持不远不近的关系，令狐绹却不是这样。他对李商隐特别想施以援手。只不过，碍于手里确实没有太大的权力，才始终没有行动。

现在，令狐绹的翅膀终于有一种硬的趋势了，马上就开始亲近起李商隐。知道他没有考中，不仅亲自去旅店里好好安慰了一番。第二天，又送来钱和东西，外加一封情深意切的信。

在信里，令狐绹明确表示，明年，如果李商隐再来考试，一定会有所收获。从表面看，这好像只是客套话。类似于现在的别灰心，继续努力，以后一定会有希望。但考虑到令狐绹所处的位置，外加事情的发展趋势，可以看出，这些话并不是随便说的。早在这个时候，令狐绹就打算有所行动了。

从李商隐的回信中，我们难以判断他是否看出令狐绹的这个意思。李商隐在信中到底说了什么呢？

别令狐拾遗书

子直（令狐绹字子直）足下：行日已定，昨幸得少展写。足下去后，怅然不怡。今早垂致葛衣，书辞委曲，恻恻无已。自昔非有故旧援拔，卒然于稠人中相望，见其表，得所以类君子者，一日相从，百年见肺肝。尔来足下仕益达，仆困不动，固不能有常合而有常离。

足下观人与物，共此天地耳。错行杂居，蛰蛰哉！不幸天能恣物之生，而不能与物慨然量其欲。牙齿者恨不得翅羽，角者又恨不得牙齿，此意人与物略同耳。有所趋，故不能无争；有所争，故不能不于同中而有各异耳。足下观此世，其同异如何哉？儿冠出门，父翁不知其枉正；女笄上车，夫人不保其贞污。此于亲亲，不能无异势也。亲者尚尔，则不亲者恶望其无隙哉！故近世交道，几丧欲尽。

足下与仆，于天独何禀？当此世生而不同此世，每一会面，一分散，至于慨然相执手，然相感、泫然相泣者，岂于此世有他事哉！惜此世之人，率不能如吾之所乐，而又甚惧吾之徒子立寡处，而与此世者踶尾纷然。蛆吾之白，摈置讥诽，袭出不意，使后日有希吾者且惩吾困，而不能坚其守，乃舍吾而之他耳。

足下知与此世者，居常给于其党何语哉？必曰："吾恶市道！"呜呼，此辈真手搔鼻齇而喉唠人之灼痕为癞者。市道何肯如此辈邪！

今一大贾，坐货中，人人往须之。甲得若干，曰："其赢若干"；丙曰："吾索之"。乙得若干，曰："其赢若干"；戊曰："吾索之"。

既与之，则欲其蕃，不愿其亡失口舌。拜父母，出妻子，伏腊相见有赞，男女嫁娶有问，不幸丧死有致馈，莽有临送吊哭。是何长者大人哉！他日甲乙俱入之不欺，则又愈得其所欲矣。回环出入如此，是终身欲其蕃，不愿其亡失口舌。拜父母益严，出妻子益敬，伏腊相见赞益厚，男女嫁娶问益丰，不幸丧死，馈赠临送吊哭情益悲，是又何长者大人哉！唯是于信誓有大欺漫，然后骂而绝之，击而逐之，讫身而勿与通也。故一市人率少于大贾而不信者。此岂可与此世交者等耶——今日赤肝脑相怜，明日众相唾辱，皆自其时之与势耳。时之不在，势之移去，虽百仁义我，百忠信我，我尚不顾矣；岂不顾矣，而又唾之，足下果谓市道何如哉！

今人娶妇入门，母姑必祝之曰："善相宜"，前祝曰："蕃息！"后日生女子，贮之幽房密寝，四邻不得识，兄弟以时见，欲其好，不顾性命。即一日可嫁去，是宜择何如男子者属之邪？今山东大姓家，非能违摘天性而不如此。至其羔鹜在门，有不问贤不肖健病，而但论财货，恣求取为事。当其为女子时，谁不恨？及为母妇，则亦然。彼父子男女，天性岂有大于此者耶？今尚如此，况他舍外人，燕生越养，而相望相救，抵死不相贩卖哉！而绎之，真令人不爱此世，而欲狂走远飏耳。果不知足下与仆之守，是耶，非耶？

首阳之二士，岂蕲盟津之八百？吾又何悔焉！千百年下，生人之权，不在富贵，而在直笔者。得有此人，足下与仆当有所用意，其他复何云云。但当誓不羞市道而又不为忘其素恨之母妇耳。

商隐再拜。

抱着这样的情绪，写完了这封信，李商隐头也不回地离开了长安。

但赌气归赌气，前途还是不能放弃的。这也就意味着，第二年的考试，他还是要参加的。不过，他参加考试，并不是因为令狐绹的话，而是打算另寻他人帮助。

他找的是谁呢？是一个叫崔龟从的人。

崔龟从是清河人。清河在现在的河北境内。清河崔氏也是当时的大族，但崔龟从的祖辈和父辈都只做过小官。到了他，才考中了进士，一路做了大官。李商隐联系他的时候，他正在华州当防御使。

本来，李商隐认为崔龟从之前在朝中当大官，一定认识很多人，如果能给自己说几句好话，考中的概率自然大一点。

但千不该万不该，他又找错了人。为什么这么说呢？因为崔龟从是个非常保守的人。他精通历史，长于礼学，喜欢规规矩矩，凡事都要一板一眼才好。

李商隐写给他的信里是怎么说的呢？

"我认为，说到思想，并不只是周公、孔子这些人独有的。我也很有想法。"

在当时的风气下，这并不算特别出格的言论。因为，唐朝的读书人向来特别自信。别说像李商隐这样真有想法的，就算没有想法的，也要假装有想法，借此吹嘘自己。一句话，就是怎么吹捧自己都不过分。

更有一些人，还真就喜欢那些自信的晚辈。只可惜，崔龟从不是这样的人。在这样一个传统的前辈面前，把自己和圣人摆在一起，李商隐的这种言论，在崔龟从看来，未免太过狂妄，不自量力。

更何况，在信里，李商隐又开始大肆抱怨起来，说自己怀才不遇，命运多舛。因为，截至现在，他已经考了四次没中。前三次的主考官都是一个姓贾的官员，第四次是一个姓崔的。李商隐说，都是因为他们不识货，自己才没考中。

可以看出，他之所以这么说，本来是想突出自己是多么倒霉，本来也挺有才华的，希望被人看中。但非常不巧的是，前不久，姓贾的官员刚刚在甘露之变中遇难。

甘露之变，本来是杀宦官闹出来的事，可以说，也是大臣和宦官矛盾的一个爆发。凡是在这个事件中遇难的官员，不管之前做了什么，难免被人同情。现在，李商隐只是因为没考中，就对其说三道四。不从自身找原因，反而说是主考官的问题，崔龟从在看过信以后，自然没有给李商隐任何回应。

第十四章
令狐楚之死

好在崔龟从不是小人，虽然不一定看得上李商隐，但也没有到处败坏李商隐的名声。这件事，也就你知我知地过去了。

到了长安，李商隐照常准备考试。

这一次，他竟然真的高中了！

从他第一次参加考试以来，来来回回，已经考了五次，人也从一个不谙世事的少年变成了有些阅历的青年。这当然是一段不短的时间，但这时候，他也没有到三十岁。

前面已经说过，进士科是最难考的。令狐绹考中的时候，已经三十多岁，李商隐这个年纪考中，完全可以算是年少有为。

不过，这些年，李商隐看到了形形色色的事情，见过了各种各样的人，关于很多问题的想法，自然也和从前不一样了。尽管之前不中，他觉得是主考官不好，不赏识自己，但现在中了，他应该也不会觉得是主考官好，自己突然走了好运。

不管怎么说，这都是后话。得知考中，他满脑子想的都是马上写信告诉亲朋好友这个好消息。这些人里面，当然也包括令狐楚。

这时候，令狐楚还在做地方官。具体的职位，是山南西道节度使，任职地点位于现在的陕西汉中一带。因为已经是七十一岁的高龄，外加需要处理很多事情，甘露之变又刚刚过去不久，一系列的重压之下，令狐楚的身体越来越不好，也越来越想念起李商隐。

得知李商隐高中，他除了表示祝贺，也再次邀请李商隐前去。

不过，这次不是去当幕僚，而是写写公文，随便帮帮忙。

对于令狐楚的邀请，李商隐当然不会拒绝。他心里也清楚，自己之所以能考中，并不是所谓的有本事，或者被主考官赏识，完全是因为令狐绹动用了一些关系。

这件事，没过多久，也的确得到了证实。

如果还是年少气盛，李商隐可能会不屑，觉得自己像是在受嗟来之食，不是靠真本事考上的。但这些年过来，他明白了在官场能托关系、找朋友，本身也算是一种本事。作为读书人，想发挥自己的作用和价值，只会读书，不能算全部的本事。而自己最终得到这样的结果，也算是求仁得仁。

所以，虽然有些怅然若失，好像验证了什么不好的现象一样，总体来说，李商隐的心情还不错。他也按规矩参加了一些活动，比如说，认识同榜的进士，和主考官增进感情，等等。

在唐朝，考中只是第一步，这些高中的读书人想要做官，还需要通过吏部的考试。即使做了官，也不算高枕无忧。每年还要参加各种考试，根据结果，再决定调任或者升降，大到京官，小到地方官，都需要走这个程序。就像李商隐的父亲当时经历的一样。

所幸，李商隐通过了吏部的考试。至此，一切算是尘埃落定，就等着朝廷给安排个什么官了。于是，三月末，他打算离开长安，回家报喜。临行前，他写信告诉令狐楚，说想先回家待一段时间，等秋天的时候，再去汉中帮忙。

信送出去，李商隐也开始收拾行李。但如今的李商隐和当时大不一样。因为高中，他认识了很多同榜的进士。大家知道他要回家，纷纷前来送行。

其中就有一个叫韩瞻的人。他和李商隐言谈之间，颇为投机，很快就成了朋友。

告别大家，李商隐就此上路。几天后，他顺利到家。家人听到这个好消息，都为他高兴，尤其是他年迈的母亲。而他堂弟李羲叟此时也准备走读书科考的路子，见李商隐得胜归来，自然想吸取经验与总结教训。于是兄弟两人，未免又有很多话要说。

多年的努力终于有了结果，李商隐衣锦还乡，外加这些年和家人一直聚少离多，一不小心，就待得时间长了。说是中秋前后去见令狐楚，结果到了汉中，已经是深秋了。

那时候，令狐楚的身体已经很差，每天不仅很难照常处理公务，就连起身都很费力。实际上，他把李商隐找来，最重要的目的，也正是要做个准备，如果自己病情突然严重，就让李商隐为自己写遗表。

遗表，前面也已经提过，就是官员们给皇帝交代的后事，一种类似遗书的东西。

对此，李商隐应该并不知情。他简单地认为，令狐楚这次找他来，不过是为了再见见他，真的随便帮帮忙。否则，他也不会在家里耽搁这么长时间。

平心而论，对令狐楚，李商隐虽然有所埋怨，但内心深处，还是有着很深厚的感情。毕竟，如果没有令狐楚，就没有现在的他。这个人堪称他的精神教父，他人生路上最重要的引路人，对他的意义，非同小可。

所以，一到地方，发现令狐楚已经病入膏肓、奄奄一息，李商隐的震惊程度也就可想而知。

但令狐楚这时候，还是很眷恋生命的。最初，他并没有让李商隐给自己写遗表，只是让他帮自己写个辞呈，请求皇帝允许自己卸任，回京城看病。

李商隐自然马上动笔。但令狐楚的病情凶险，朝廷的回复还没有到，他病得更严重了。这时候，他隐约也明白，自己大限将至，心里也在想，应该写遗表了。

不过接下来的一个多月里，他一直没有把这个想法告诉李商隐。毕竟，能多活一天，谁愿意提前考虑临死的事呢？

于是，在那些日子里，李商隐一直住在令狐家，像令狐楚的亲儿子一样，每天去床前照顾令狐楚。

这段时间里，李商隐又认识了一个人。

这个人叫刘蕡，字去华，是幽州人，也就是现在的北京昌平人。他这个人很有学问，精通历史，虽然比李商隐年纪大，却像李商隐一样，性情耿直，还是个急脾气，尤其看不惯宦官专权。

本来，他十年前就考中了进士，是可以顺利当官的。但他写了一篇好几千字的文章，斥责那些为所欲为的宦官，并建议皇帝尽早处理这个问题。

大臣们知道了，当然特别赞同；但宦官们知道了，个个气得暴跳如雷。之前提到过的那个大宦官，也就是在甘露之变中滥杀无辜的仇士良，甚至亲自找上录取刘去华的那个大臣，咬牙切齿地质问："你当初是眼瞎了吗？怎么会录取这样的疯子？"

那个大臣也没想到刘去华闹出这样的事，一时间被问得哑口无言，只好说："我录取他的时候，也不知道他这么疯啊……"

能让仇士良这么怨恨的人，就算考中进士，也别想当官了。所以，接下来将近十年的时间，他都没有得到朝廷的任何任命。只是一些地方官看不过去，珍惜他的才华，同情他的遭遇，才邀请他去做幕僚。

令狐楚就是这些地方官中的一个。

在此之前，李商隐就听说过刘去华的名气，刘去华也知道令狐楚向来很器重李商隐。两个人见面以后，一聊天，发现非常投机，很快成了朋友。

秋天过去了。令狐楚勉强熬到十一月份，实在不行了。不过，即使到了这样的地步，他也十分豁达，反倒是儿子们手忙脚乱，请来一群医生开药。

令狐楚一口都不喝，还说："生死有命，我的时候到了，吃药就能救得回来吗？"不仅如此，据说，就在临终前三天，他还自娱自乐，高声吟诗。

但令狐楚也清楚，自己活不了多久，于是终于把写遗表的事情提上了日程，全权交由李商隐处理。写这种东西，李商隐之前有过经验，这次自然也是轻车熟路，更何况对方是和自己关系非同一般的令狐楚，写起来也就更加容易。只用了小半天的时间，就完成了这个任务。令狐楚听完以后，也很满意。

接下来，就是交代个人的后事。令狐楚明确表示，自己一辈子没有做过什么大事，愧对祖先，丧事不要大操大办，一切从简，只用一辆普通的布篷马车把尸体拉到墓地就行。墓碑上只写出祖先源流即可，不必大吹大擂。

短短几天以后，令狐楚终于咽下最后一口气。朝廷得知他的死讯，特意派人前来慰问。令狐楚死后，他的幕府随之解散。刘去华去了襄阳，投奔牛党的首脑，当时担任山南东道节度使的牛僧孺。李商隐则和令狐家的人一起将灵柩送回长安下葬。

第十五章
所见所闻

　　处理完最后的事情，一行人从陕西汉中出发，一路向北，去到宝鸡。路过秦冈山的时候，还在圣女祠歇息了一阵。

　　所谓的圣女祠，其实不算特别出名。它是因民间自发的一个信仰而建立，从主体建筑到配套设施都很简单，甚至简陋。

　　之所以会有这么个地方，不过是因为，一开始有人发现悬崖的侧面有浮雕一样的图案，上面是红色，下面是白色，身形特别像画卷上的圣女。于是人们在附近盖了个祠堂，香火供奉。

　　渐渐地，有人真的把这个图案当成神明，虔心祷告起来，没想到还挺灵验。一来二去，名声也就流传开来，吸引了越来越多的人。

　　李商隐他们来这里，肯定不是计划好的。但令狐楚刚死不久，队伍里的其他人，尤其是令狐家的人，就算是路过，图个吉利，也很可能会在此参拜。

　　李商隐有没有拜圣女，这个无从考证。但在如此青山秀水之间，蓦然看到身形曼妙、仪态端庄的圣女，他心中不可能没有一点波澜。只不过，这点波澜，与求神拜佛的关系，应该是不大的。目睹圣女，他更可能想到的，是自己在玉阳山学道的日子。

在这里，李商隐写下了一首《圣女祠》。

杳蔼逢仙迹，苍茫滞客途。

何年归碧落，此路向皇都。

消息期青雀，逢迎异紫姑。

肠回楚国梦，心断汉宫巫。

从骑裁寒竹，行车荫白榆。

星娥一去后，月姊更来无？

寡鹄迷苍壑，羁凰怨翠梧。

惟应碧桃下，方朔是狂夫。

玉阳山是个挺有名的修道圣地。在李商隐前期的诗里，我们也知道，他遇到过不少女道士。这些女道士，有的可能和他有过情感纠葛，有的只是简单的朋友关系，甚至不过是擦肩而过，仅有一面之缘，但那些陈年旧事，尤其是和宋真人的往事，是让人无论如何都忘不掉的。

想当初，李商隐年少烂漫，上山学道，只想着寄情山水，还没有认识令狐一家人，更没有金榜题名，进入污浊的世间。

这样的时光，多么值得怀念。后来，虽然历经坎坷，表面上像得了正果，眼看就要做官，可现实还是那样迷茫，前路如何，更是令人难以看清。

这几年，自己浮浮沉沉，跌跌撞撞，只靠自身能力，并没有博得满意的结果。最终能达到这样的高度，得偿夙愿，很大程度上，都是因为令狐一家人。但现在令狐楚撒手西去，令狐家也不复当年，以后的路，又该往哪里走呢？

如果可以选择，以李商隐的脾气，恐怕宁愿一辈子待在玉阳山里。如果真是这样，又何必面临现在的苦恼！无奈感情的事情，的确难以把控。

是啊，如果不是因为和宋真人闹出了那样的事情，又何必来到这尘世间，辗转多年，受这么多苦呢？李商隐在圣女祠停留的时间里，心中自然会有一些想法，但最多也只是想想而已。毕竟一切都回不去了，也没办法再重来一次。

更何况，就算有机会重来，以他的性格，大概率也还是会那么做的。

因为忙于赶路，他们并没有在圣女祠耽搁太久，只是稍微歇了一会儿，就离开了。

继续往前走，一路顺利，并没有发生特别的事情。几天后，他们到了郿县，也就是如今宝鸡市下属的眉县。这里距离长安只有三百里左右，已经算是近郊。眼看快到地方，一行人也不是特别着急了，更何况，晚上赶路也不安全，于是就在这里歇了一晚。

一路走来，虽然两地路程不算太远，但他们走的多是山区，人烟稀少，很少见到连片聚集的村落，也见不到太多的人。随着渐渐靠近唐朝的核心地带，村落越来越多，甘露之变的影响也就越来越明显地体现出来。

在这最后的路程里，李商隐看到的是一番什么景象呢？

当时是农历十二月份，虽然名义上还是冬天，但天气有转暖的迹象，比较暖和的地方，已经开始冒出短短的草芽。不过风还是很冷，有些草芽刚露头，就被风干，失去了水分。这是野外的状况。耕田里的景象更惨。虽然冬天地里没有庄稼，但看样子，很多田地都荒废已久，到处长着荒草和低矮的树丛，其间甚至散落着锄头之类的农具。

再往村里走，可以看见人家。很多房子里不住人了，院门大开，院子里一副破败景象，连耕牛都饿死在牛棚里。那些还住人的，偶然从中走出几个人，也是面黄肌瘦、衣衫褴褛，神情酷似惊弓之鸟。

以上种种，都是李商隐真实看到的。接下来一部分是他听到的，更多的是他自己对于朝政的一些理解。虽然后来他把这些话写成了诗，并声称这是别人说的，但这是不是真的，或者说，那个别人是否存在，都是不确定的。因为，在诗歌里，借虚构的人物表达自己的观点，是一种常见的表现手法。李商隐深谙此道，也很喜欢用这个方法。

就在前不久，他听说大官胡证在甘露之变中被抢劫之后，还借一个用人之口，阐述了对这件事的看法。所以，此时此刻，他借别人的嘴说自己的政见，也是很自然的事情。

其中，能保证真实的是什么呢？就是此地的基本情况——因为土地不算肥沃，大家又都靠种地为生，就算风调雨顺，也只能勉强维持温饱，达不到富裕的标准。这还是在官吏们施行仁政的情况下，如果官吏们横征暴敛、贪赃枉法，大部分人就连肚子都吃不饱了。

接下来，就是李商隐自己的看法了。

纵观整个唐朝，到他生活的时候为止，在唐玄宗之前，一直都国泰民安、国力强盛。这是为什么呢？李商隐认为，是朝廷重用文臣的结果。而唐玄宗之后，为什么开始走下坡路？因为朝廷重用武将，宠爱宦官。正是因为这些人大吃大喝、贪图享乐、明争暗斗，才把朝政搞得乌烟瘴气，也让文臣们受到了莫大的排挤。

后来，也正是这些人发起了叛乱，也就是安史之乱，给平民带来了莫大的苦难，不仅男子要被抓壮丁，女子和孩子、老人也过着非常艰难的日子。权贵们能跑的都跑了，导致叛军一度攻陷了京城。好在朝廷始终没有放弃希望，但为了平叛，朝廷消耗了积攒的巨额财富，虽然保住了江山，但战乱之后，举国上下物价飞涨、民生凋敝、民不聊生。

那些在平叛中成长起来的节度使们，更是仗着自己有军功，有实力，雄霸一方，常常不把孱弱的中央放在眼里。文臣们也都不比当年，每天只想满足一己私欲，对百姓疾苦不闻不问。

没过多久，郑注又结党营私，权倾朝野。虽然生前风光一时，死后却非常凄惨。在李商隐看来，他最大的罪恶，就在于和李训一起轻易地发动了甘露之变。尽管这一次，总体并没有发生大规模的战争，但对民间的震动是剧烈的。

大家一听说京城乱起来了，还像以前一样，纷纷抛妻弃子，四散奔逃。官军虽然打着朝廷的名义，却干着强盗的勾当，到了哪里，就在哪里欺凌百姓，抢东西。

尽管甘露之变很快结束，但因为国库更加空虚，朝廷还在不停抓丁征税。赋税徭役的负担更重，穷人们的生活更苦，再逢上一些天灾，越来越多的人过不下去，有些胆量的，为了能过得好一点，不得不去当盗贼。官吏却不想着解决根本问题，只会武力镇压，导致双方的冲突越来越大。致使那些在外面赶路的旅人，一方面要提防山里的盗贼，一方面也要提防野外的官兵，因为他们也都是贪财的家伙。在有人的地方，可能还会收敛一下，但在荒山野岭，四下无人，见到有钱人，也难免会下手。

"真希望朝廷开眼，看一看民间疾苦啊！宰相和文臣们都在做什么呢？如果有机会，我一定会把这些事告诉他们。"

这些想法，如果直接说出来，难免有议论朝政的嫌疑，也会在无形中得罪许多人。李商隐也很清楚这一点，但这些话，的确如鲠在喉，不吐不快。

想来想去，李商隐写了一首长达二百句的诗，起名为《行次西郊作一百韵》，表明是在路上的所见所闻。这样一来，就用不着担心太多了。

即便如此，因为毕竟涉及了敏感话题，前前后后，李商隐还是花了好几天时间，也改了很多次，才最终定稿。

第十六章

考试和婚姻

那段时间，李商隐和令狐家的关系还不错。护送令狐楚灵柩回京之后，没过多久，就是下葬。这件事，李商隐自然也参与了，并且其身份待遇，也还和以前一样，等同于令狐家的子侄。

下葬之后，就要考虑墓志铭的事了。令狐楚生前交代过，不用大官写墓志铭，又考虑到他和李商隐的关系非同一般，大家最终决定，他的墓志铭，就由李商隐来写。李商隐的文笔本来就不错，更别说对令狐楚还有深厚的感情，一旦接手，自然非常上心。等他写完，令狐家的成员们一看，也都十分满意。至此，这件事也就算彻底过去了。

千不该万不该，没过多久，李商隐又参加了一场考试。这场考试大大影响了他的人生走向，直接奠定了他后半生的基调。

不对呀，不久前，李商隐不是刚刚考中进士吗？也通过了吏部的考试，就等着被安排做官了。都已经这样了，为什么还要继续考试呢？

因为这场考试实在太诱人了。

它不是普通的考试，而是皇帝亲自下诏举办的特殊考试。如果考中，非但能拥有非同一般的地位，被当成天子门生，还马上就能做官。而且，十有八九，会被安排一个清闲的职位，以后升官，更是不发愁的事。

李商隐选择参加，也正是因为考虑到了这些。虽然就算他不参加，只等着朝廷的命令下来，也可以上任做官，但这里面有一个巨大的隐患，那就是，朝廷的命令什么时候能下来，是一件不确定的事情。

可能三天五天，可能三个月五个月，也可能是三年五年。

从这个角度说，李商隐面临的问题，就是职位更替。对李商隐来说，这上一个位置，也就是上一个官的，或者是遭遇了升降，或者是岁数大了告老还乡，或者是死在任上，总之得等空缺。

就算李商隐愿意等，问题是，和他一样等着的人也不少，可能上一年，或者上上年的进士还都没安排完，总得有个先来后到。中间难免再加上各种加塞的关系户，哪个后台都比他硬。李商隐有什么背景呢？之前不过是靠着令狐家，现在令狐家老爷子死了，令狐家眼看也不比当年，他这种没权没势的，还不得等到猴年马月？

至少，李商隐是这么想的。

更重要的是，他当时已经过了二十五岁。以现在的眼光看，可能还是大好青年，但在李商隐的家族里，能活四五十岁，就已经算是高寿。掐指一算，差不多也活了大半辈子，只有二十多年好活。要是三年五年、十年八年之内，再排不上号，当不上官，这一辈子也就算交代了。

退一步讲，就算朝廷很快就给他官做，安排什么官，也是个未知数。这个未知数，十有八九，还是个不太好的未知数。

为什么这么说呢？唐朝时，圈子里的人，当然要尽早为后代谋福利，保住家族利益才行，这是人之常情。剩下来的那些，不是钱少事多，就是难啃的硬骨头。

只有没人要的那些，才会扔给圈子外面的人。而像李商隐这种没权没势没背景的，当然属于圈子外面的人。

综上所述，与其等一个不知道什么时候会有的、还不太好的官职，为什么不去参加考试，博一个考中的可能呢？考中了，不仅马上就能当官，还肯定是好官。再说，令狐家已经那样了，自己早晚要依靠他人。

泱泱天朝，靠谁，都不如靠皇帝踏实，对吧！

这么些年下来，李商隐也早就不是之前的李商隐，虽然还是无权无势，好歹认识了一群朋友。比如说，就在前不久的进士考试中，他就认识了一群同榜进士。因此，他自然也会比较乐观地认为，自己也是有一定实力的，不像以前那么完全无依无靠。再加上自己已经有了进士身份，任谁都会多看一眼吧。

这个时候，正是化被动为主动、更进一步的最好时机。

说到这个，就要解释一下这场考试的资格。和普通考试不一样，这样的特殊考试，不只是官方推荐的人可以参加，一般的读书人，就算没有被地方推荐，也可以参加，甚至于在职的官吏想参加，也是可以的。

总之，就是有两把刷子，或者自认为有两把刷子的，朝廷统统欢迎。

乍一看，这不是竞争人数多了吗？李商隐这么自信吗？他还真就这么自信，因为他有进士身份，这相当于金字招牌。主考官一看这人是进士，十有八九要高看一眼，大概率也会选他。所以，虽然报名的人可能比普通考试的多，但在这些人里，已经取得进士身份的李商隐是有一定含金量和竞争力的。

就算退一步讲，十分不幸，李商隐没有考中，也不算损失。他还可以继续前面那条路，等着朝廷给他安排官。所以，这场考试对他来说，完全就是锦上添花的事情。

确定这个方针，李商隐就这样实行了。恰巧这时候，他的好朋友、同榜进士韩瞻来请他吃饭。理由是什么呢？是韩瞻成了泾原节度使王茂元的女婿。

王茂元已经出钱给韩瞻在京城盖房子，只等房子盖好，韩瞻就把媳妇接过来完婚。

泾原节度使是个什么官？是地方上的武官，也是雄霸一方的地方官。唐朝中后期，节度使的权力向来比较大，不仅手握重兵，更能掌握一方百姓的生杀大权。

泾原节度使，顾名思义，管的是泾州和原州，也就是现在的甘肃平凉和宁夏固原一带。节度使驻地在泾州的安定郡，距离首都长安也不远，差不多只有五百里。

王茂元又是什么人呢？他是濮州人，也就是现在的河南濮阳人。他出身于军人世家。早在安史之乱的时候，他父亲就从普通士兵干起，因为战功赫赫，最终做到了节度使的位置。王茂元从小跟随父亲南征北战，自然也对行伍之事耳濡目染，十分熟悉。等长得差不多了，因为是节度使的后代，没有经过科举考试，朝廷就给他安排了个校书郎的职位。

校书郎这个词，前面多次出现过，令狐绹考中进士之后，一开始做的也是这个官。从这里，我们就可以看出，这个官是名副其实的闲职。能做这个官的，以后也必定不愁出路。

因为校书郎虽然品级不高，却很有可能进入翰林院。翰林院是皇帝的御用班底。可以说，进了翰林院，就是皇帝身边的人了，自然有很多机会积累人脉，想要升官发财也是分分钟的事。

王茂元的发展也恰如其分地证明了这一点。但他毕竟不像令狐绹一样是个文人，而是实打实的武将出身，所以，以后也一定还要回归本职。

没过多久，他就当上了岭南节度使。

岭南节度使，在唐朝向来是个不错的差事。因为有很多油水可捞。在甘露之变里被抄家的那个胡证，万贯家财也正是在岭南节度使任上积累下来的。王茂元到了那里，自然也攒了不少钱，至少，大家都觉得他攒了不少钱。

但他也清楚见好就收的道理，并没有一直赖在岭南。攒下来的钱，也没有都用于个人享受，而是把一部分用到朝廷里，和权贵们搞关系。他的处世哲学和令狐楚有异曲同工之处。他们都不愿意参与党争。但令狐楚毕竟是个文官，就算洁身自好，也做不到彻底置身事外，王茂元作为武将，在这方面有先天的优势。哪怕牛李党争闹得最厉害的时候，他也不偏不倚。牛党的人也靠近，李党的人也结交，总之用手里的钱和大家都搞好关系。

等李党和牛党都不行了，郑注和李训得宠的时候，他就又给这两个人送钱。也正是因为郑注的关系，他才从岭南调到了现在的位置上。

这就让人不得不想，王茂元之所以会这样，可能是因为在岭南，钱捞得差不多了，打算趁早换个地方，避免树大招风，被人盯上。

即便如此，甘露之变后，大家还是嫉妒他，说他能接替胡证做岭南节度使，都是因为巴结郑注。虽然说，这可能的确是事实，但在那种情况下，承认这些，可是马上就要掉脑袋的。于是，王茂元又使出了自己的终极法宝，开始给各位送钱。

大家这么说，无外乎也就是图钱，得了封口费以后，马上就都什么都不说了。而王茂元不仅没有被降职，还被封了个濮阳郡侯。

王茂元这样一个人，是怎么看上韩瞻的呢？这里面又有一个习俗。那就是，当时的达官贵人，尤其像王茂元这种武将，很愿意在考中的新进士里面挑女婿，尤其是那些年轻英俊，又有才华的，自然更为抢手。

这样做，一方面是让自己的女儿有个好归宿，一方面也有强强联手的意思，毕竟这些进士早晚要做官。所以，这些达官贵人，也算是从另外一个角度，来巩固自己的实力。

但换一种眼光看，能从这些人里面挑女婿的，肯定也不是特别有名望的世家。这就又涉及圈子的问题。世家肯定要和世家玩，说不定两家的孩子从小就定下了亲事，哪还等到他们长大呢。这个圈子是很封闭的。因此，从根本上来看，韩瞻被王茂元挑中，和李商隐被令狐楚挑中，原因也是差不多的。李商隐被令狐楚看上，是因为他家没权势，需要跟令狐楚来谋一个出路。韩瞻的出身也不见得有多好，才会愿意和王茂元结亲，通过婚姻来提升自己的圈子。而王茂元看中的，则是韩瞻未来的价值。

说到底，韩瞻的这条路，是当时有才华的读书人的另外一条出路——如果本身没有强大的亲族，也没有厉害的朋友，更攀不上德高望重的前辈，那么就通过婚姻来提升阶层，帮助自己进入另外一个圈子。

眼看韩瞻已经在走这条路，李商隐未免也开始盘算。但他有点担心。因为在此之前，他有过一段婚姻，尽管没有留下孩子，但如果女子嫁给他，只能算他的再婚妻子。

所以，李商隐怀着忐忑之情，在得知韩瞻的遭遇后，先是表示了祝贺，也显示出了羡慕，更有可能拐弯抹角地说，希望自己也有这样的好运气。韩瞻对于李商隐的家世背景也有一定的了解，当然也不难明白他的意思。

"王家还有个小女儿，叫王晏媄，比你小十一岁。长得挺漂亮，平时也喜欢诗歌。"韩瞻说，"她现在借住在李十将军家，你应该知道吧？他们家就住在曲江池旁边，你要是不放心，找个借口亲自去看看，也很方便。"

听说王晏媄喜欢诗歌，李商隐难免怦然心动。他就找了个机会，去了曲江池旁边。当时正是夏天，池里挤挤压压，开了很多荷花。傍晚时分，王晏媄和李十将军家的人，像附近的很多人一样，来池边纳凉赏荷。

两个人就这样"偶遇"了。李商隐还特意写了一首《荷花》，送给王晏媄。

都无色可并，不奈此香何。

瑶席乘凉设，金羁落晚过。

回衾灯照绮，渡袜水沾罗。

预想前秋别，离居梦櫂歌。

王晏媄一看，这人诗写得这么好，当下就对李商隐有了好感。李商隐看过王晏媄之后，对她也很满意。但在古代，结婚这样的大事，还是得父母之命、媒妁之言。

一句话，还是得王晏媄她爸王茂元说了算。

于是，李商隐就又去找韩瞻，这是自然的。没过多久，韩瞻就要动身去甘肃接媳妇，到时候，自然会见到王茂元。如果能为李商隐美言几句，这事十有八九，也就成了。

两个人是同年，又是好朋友，韩瞻当然不会不帮李商隐。而王茂元听韩瞻拐弯抹角地说完，知道李商隐也是一个没背景的新进士，当然喜欢了；又听说李商隐也挺有才华，年纪不大，就更有兴趣了。

然而，身为武将，王茂元讲究眼见为实。他想亲自看看李商隐。不止看颜值，更要看才华和人品。但他是韩瞻的准岳父，总不能对韩瞻说："哎，要不，你先把你朋友带来让我看看，要是合适，我再把女儿嫁给他。要是不合适，也就算了。"所以，想来想去，王茂元决定写封信，让韩瞻带给李商隐。

在这封信里，他说想请李商隐来当幕僚。李商隐看完信，明白了王茂元的意思——这是要先"验货"，再作打算，于是又开始小心翼翼地盘算。

李商隐完全有理由认为，这是王茂元对他的不信任。当然，也不可能要求王茂元完全信任一个相当于陌生人的人。但被这么对待，李商隐非常没有安全感。王茂元明着请自己做幕僚，实际不过是想看女婿。如果看上，也便罢了。如果没看上，自己不是白跑一趟？以后也不可能长期在那里做幕僚，因为做幕僚本来就是个幌子。

眼看考试在即，如果真的考中，不仅马上就可以做官，以后也是前途无量，何必还要去攀王茂元，做一个节度使的女婿呢？

但话肯定不能说死。为了给自己留一条后路，李商隐让韩瞻转告王茂元，说大丈夫还是要以前途为重，自己已经打算参加考试，此时此刻，正在全力备考。当幕僚的事情，还是等考完试，再作打算吧。

第十七章
有所取舍

李商隐之所以这么回复王茂元，还有一个非常重要的原因，就是他没有彻底放弃令狐家。虽然说，令狐楚的去世，外加令狐家的现状，难免让李商隐觉得令狐家以后很难靠得上。但令狐绚和他的关系，就目前来看，还算不错。

他能考上进士，令狐绚功不可没，而且，以令狐绚的背景和人品，升官是早晚的事。到时候，李商隐觉得，他绝对会帮自己。

当然，这都是后话，未来的事情，谁也不能确定。当务之急，是解决眼前的事。于是，李商隐又有一个更大的计划。参加这场特殊考试，就是一个开始。他坚定地认为，如果令狐绚还是像上次一样，愿意帮助自己，加上自己的本事，十有八九，一定会考中。到时候，也就清楚令狐绚的意思了。如果真是这样，就继续跟令狐绚干，不用去王茂元那里找出路了。

但他落榜了。

得知这个消息，最初，李商隐难免觉得又被令狐绚抛弃了，不然，这样一场非常有把握的考试，怎么能没有结果呢？更何况，没过两天，他还听到这样一种说法——本来，主考官已经决定录取他，往上报名单的时候，他的名字却被一位大官划掉了。

那么多人，除了他，别人的名字都没有被划掉。

更让人容易想多的是，这位大官划掉他的原因，是"此人大不堪"。虽然说在古代，一个词可能有多个意思，但这里的"不堪"，明显不是"不堪重用"中的"不堪"，而更偏向个人品德方面。

时至今日，李商隐再也不像以前那样，行得正坐得直了。早些年，他在跟随令狐楚做幕僚的时候，别人也传些风言风语，但最多局限于他和令狐家不清不楚的关系，并且也只是嫌疑，未被坐实。

现在，有如此说法，关于这位大官这么做的原因，也难免让人浮想联翩。

总之，结果是，李商隐没考中。

没过两天，又有一种说法传了出来，但怎么看，怎么像是欲盖弥彰。因为，这种说法是：李商隐之所以没考中，和那位大官一点关系都没有，是他自己文章写得差，怪不得别人。

这就让李商隐更气闷了。但事已至此，什么是真的，什么是假的，他差不多已经心中有数。虽然很多细节还没有确定，但有一点完全可以确定，那就是——令狐绹彻底指望不上了。

为什么这么说呢？因为，如果令狐绹想帮他，他大概率可以考中，根本不会有后来的事。或者说，可能令狐绹已经尽力了，但还是没有拗得过那位大官，这也足以说明问题，那就是令狐绹心有余而力不足，能力有限。

更何况，还有更阴暗的一面。那就是，这些"不堪"的往事是怎么被这位大官知道的？他是不是令狐家的朋友，或者至少是令狐绹的朋友？很可能，他一直看不惯自己的所作所为，在为令狐绹鸣不平，现在终于找到机会，下手收拾自己？或者，再大胆猜测一下，这位大官，是否就是令狐绹本人？他对李商隐想转投王茂元的事很生气，借机给李商隐一点颜色看看？

在李商隐的内心中，不可能不怀疑这些，也不可能觉得令狐绹和此事毫无关系。就算这些都是他想多了，但令狐绹作为朝廷里的官员，对于这么重要的考试，不可能一点都没听说结果，如果真心想帮李商隐，还不是早就忙不迭地找关系、托朋友了？既然没有这么做，李商隐又为什么要找上门去，自找难堪呢？

综上所述，这场考试最重要的结果，也就是前面说过的，即改变了李商隐人生走向，影响了他后半生。简单来说，就是让他彻底放弃令狐绹，转而投向王茂元。

这种改换门庭的事，李商隐自己也知道说不过，所以之前他没有下定决心。但这件事一出，就像师出有名了一样。既然是你令狐绹先抛弃我的，我投靠别人，也不算对不起你。我现在去哪里，做什么，也都和你没关系。

所以没过多久，他就去找韩瞻，对他说自己打算答应王茂元。

韩瞻听他这么说，当然特别高兴，赶紧写了封介绍信让他带上，并且亲自送他上路。

李商隐就这样再次离开了长安。这一次，至少在他看来，自己和令狐家的缘分算是尽了。所以，离开之前，他并没有去见令狐绹，甚至也没有通过任何形式通知对方。

王茂元所在的泾州安定郡离长安只有五百多里，走走停停，十几天就到了。彼时已是春末夏初，天气稍微有点热，但总体还是非常舒爽的。

李商隐进了安定郡，顺利见到王茂元，把韩瞻的信交上去，答应做王茂元的幕僚。

接下来，李商隐过得不错。首先，因为有韩瞻的介绍，王茂元自然对他另眼相看，其次，王茂元把他叫来，也是把他当准女婿看，旁人就算不清楚内情，看王茂元对他的态度，自然也不会不给他面子，所以对他也都是恭恭敬敬的。

作为幕僚，李商隐的本职工作做得也不错。没多久，就给王茂元写了好几份公文。平心而论，这时候的公文，其实不太好写。因为牛党和李党又开始你争我斗起来。甘露之变使朝廷失去了大批可用的官员，而随着李训和郑注的覆灭，导致皇帝不得不重新起用之前的两党官员。新任命的宰相中，郑覃、陈夷行是李党，杨嗣复、李珏是牛党。看起来，两派虽然力量均衡，但一有点什么事，也就又开始吵吵闹闹。但王茂元向来擅长平衡这种关系，在公文的基本态度上，对哪一派都是不偏不倚，同样周到。

即便如此，论到具体的下笔，也是需要一定的考量的，不然，难免被谁鸡蛋里面挑骨头，惹出事来。所幸，李商隐在这方面，从来没有出过问题。虽然他个人看不上党争，对此难免也有很多想法，但他非常清楚，自己只是王茂元的一支笔，不能在公文里面掺杂个人感情。所以，在他的克制下，每一份公文，从遣词造句到行文技巧，都很漂亮，让人挑不出任何毛病。王茂元看完，非常满意。眼看这个新进士的确有些才华，长得也行，他女儿王晏媄对李商隐也不排斥，王茂元也就明说了自己的意思，双方定下了婚事。

没过多久，李商隐就和王茂元的小女儿王晏媄结婚了。

新婚伊始，李商隐又写了一首《赠荷花》，送给了王晏媄。

世间花叶不相伦，花入金盆叶作尘。

唯有绿荷红菡萏，卷舒开合任天真。

此花此叶长相映，翠减红衰愁杀人。

从这首诗里，我们也能看出李商隐从内心深处，对这桩婚事存在深深的庆幸感。因为他知道，自己和王晏媄从背景上来说，是不怎么匹配的。自己就像叶子一样，卑微得像尘土，而王晏媄像花一样，天生就要被插在金盆里。但是，好在世界上还有荷花，它只有和荷叶放在一起，看起来才美丽可爱。在李商隐看来，自己就是荷叶，王晏媄就是荷花。两个人以后要长相厮守的。

他没有想错，对于落榜之后他的所作所为，令狐绹的确非常不满意。首先，令狐绹不满意他没有知会一声，就自作主张，跑到泾州；其次，更不满意他和王茂元的女儿结婚。

在令狐绹看来，李商隐去泾州，完全就是一时赌气，怪自己没在考试中帮他。而所谓的婚姻，不仅有赌气的成分，还有种身不由己的感觉。好像李商隐并不想这样，王茂元威逼利诱他的一样。最后他还真就同意了。换句话说，有种破罐子破摔的感觉——你不是不管我吗？我又不是没你活不了。管我活成什么样，都和你没关系。

对于这种任性的行为，令狐绹非常气愤。他万万没想到李商隐会这么对自己，或者说，先把自己扔了，转而去攀王茂元。尽管在李商隐看来，是令狐绹先对不起他。但在令狐绹看来，是李商隐先对不起自己。

这些风言风语被好事者传来传去，最终传到泾州，一度传到了李商隐的新婚妻子王晏媄的耳朵里。王晏媄听到这些话，感情很复杂。一方面，她很喜欢自己的丈夫，对别人这样说李商隐，自然又生气又愤慨，另一方面，她心里难免会有一丝疑虑，毕竟，她和李商隐才相处多久，这个人的过去是什么样，究竟经历过什么，她又了解多少？

李商隐也比较难堪。首先，他没想到王茂元真的逼自己这么快完婚；其次，他应该也没想到令狐绹一怒之下，竟然把之前那些陈芝麻烂谷子的事都抖了出来。这让自己的脸往哪儿放？虽然说，那些事有可能是他干的。但桌子下面的事，拿到桌子上面来，总是让人脸上无光。

对于这桩婚姻，他本来也就不是特别愿意。现在闹成这样，的确让人头疼。但既然已经结婚了，自己又在别人的地盘上，当然要首先稳定这边的关系。于是，他一边安抚王晏媄和王茂元，一边又燃起了对令狐绹的复杂感情。

"的确，我这么做是有点过分。但你是怎么对我的？"哪怕在这时，李商隐对令狐绹也有很深的埋怨——要不是你没帮我，我至于是现在这样吗？

李商隐之后的反应，切实地说明了：两个人当时感情有多深，以后可能发生的怨恨也就有多深。如果李商隐和令狐绹只是普通朋友，现在，自然也生不出这么多是非来。

而在内心深处，对于令狐绹，李商隐虽然有一些负面情绪，但最终还是牵肠挂肚的。毕竟，他在王茂元这里，虽然一切顺风顺水，看着风光，实际又哪是他的本意？如果可以选择，他还是会希望，令狐绹能够帮助自己在长安谋得一官半职，两个人一直做好朋友。

现在，眼见离这条理想道路越来越远，自己又能怎么办呢？
人生有太多的无可奈何。一切终归回不去了。自己在泾州，在王
茂元的地盘上，就连这些想法，也是不能显露出来的。面前有人
时，他时时刻刻要把这些想法藏好，笑脸迎人，只有独自一人时，
才会稍微显现出来不开心，怀念一下长安，以及和令狐绹一起度
过的那些难以忘怀的日子。

但凡文人，心情总容易被季节和天气影响。所谓伤春悲秋，
说的正是这个。李商隐也是这样。有一天晚上，突然下起了大雨，
花园里的一棵牡丹本来开得正好，雨后，却被打得七零八落。目
睹此情此景，李商隐一下子想起来，多年以前，他刚进入令狐家
的时候，那里也长着一棵牡丹，和眼前这棵几乎一模一样。当时
他还专门写了一首名为《牡丹》的诗。

锦帏初卷卫夫人，绣被犹堆越鄂君。

垂手乱翻雕玉佩，折腰争舞郁金裙。

石家蜡烛何曾剪，荀令香炉可待熏？

我是梦中传彩笔，欲书花叶寄朝云。

前几句，他好好夸赞了一下牡丹的美艳。最后一句，才是他
真实想说的——我就像诗人江淹一样，在梦中得到了那支彩笔，
想把诗文写在花叶上，送给那天边的朝霞。这里的彩笔，明显就

是令狐楚写骈文的技巧。也就是说，李商隐觉得能被令狐楚赏识，实在是人生之幸，并且也觉得，自己以后学好本领，一定可以青云直上，有一番作为。令狐楚看过这首诗，当然也明白李商隐的意思，觉得这个少年知恩图报，还有志气，于是大加夸赞。

想想过去，再看看眼前，多么荒唐。如今，别说牡丹，就连令狐楚也驾鹤西归，自己和令狐绹演变成那样一种微妙的关系，真是造化弄人。

眼前人、身边事，统统都不一样了。人力是多么渺小，什么都做不了。

不幸中的万幸，他年轻的妻子王晏媄对他很崇拜，夫妻二人感情和谐。虽然一开始，李商隐并不是特别期待这门婚事，但王晏媄不管从哪方面说，都配得上他，所作所为，也不失为一个好妻子。李商隐对她很满意。而对于岳父王茂元，在内心深处，李商隐尽管有些不满于他的霸道，却也清楚，如果自己以后忠心耿耿，绝无二心，王茂元也不会亏待他。

至此，也算是有了一个差不多的归宿。

只可惜，不知道远在长安的令狐绹怎样了，二人以后又会是什么关系呢？对此，李商隐还是比较忐忑的。几个月以来，令狐绹几乎成了他的一块心病。所幸，再过几个月，他又要进京赶考。到时候，两人自然可以再见。

如果真的挽回不了，那就希望能有一个彻底的了断吧！

第十八章
暗中操控

　　李商隐是这么想的，也是这么做的。到了要考试的时候，他带着随身仆人，告别妻子和岳父，离开泾州，去了长安。

　　到了长安，像以往的考试一样，肯定要准备手续之类，外加处理一些闲杂事等，细细碎碎，暂且不提。

　　等这些事差不多办完了，他去见了韩瞻。毕竟，两个人关系非同一般，既是同榜进士，也是好朋友，现在又成了亲戚。

　　见完韩瞻，接下来就是令狐绹。对于这个人，李商隐内心的感情非常复杂。远在泾州的时候，想着要不干脆一刀两断好了，真到了眼前，反而生出一种"近乡情更怯"的感觉来。

　　真的要这样做吗？要不要先搁置一下呢？也许，两个人还是可以重修旧好的？他说那些话都是气话吧？这么多年的感情，难道就真的这样算了吗？李商隐又纠结，又忐忑，又期待，又觉得好像不能抱太大的期望，否则如果事情没成，岂不是更失望？

　　不过，一想到无论如何，这件事早晚要办，也就硬着头皮去了。

这时候，令狐绹已经在家闲了很长时间。也不是说他自己想闲着，而是碍于丁忧的规矩。什么是丁忧呢？丁，是遇到的意思，忧，是居丧的意思。结合到一起，就是家里有人去世，要服丧的意思。这个习俗源于汉代，期限一般是三年。

对令狐绹来说，令狐楚是他亲爸，父亲去世了之后，自然要丁忧。现在，令狐楚刚去世了不到一年，也就是说，这样的日子，令狐绹还有两年要过。

对于不同的阶层，丁忧期间要做的事情也有区别。如果是平民，最好在坟前搭个窝棚住下来，时刻守在旁边，睡草席，枕砖块，怎么简单怎么来。没有结婚的，三年内不能结婚；已经结婚的，三年内不得行房。除非迫不得已，最好连澡也不要洗，衣服也别换，这样才能体现出自己的悲痛之情和对死者的怀念。但以上要求，只限于身体健康、神志正常的人。如果年纪大了，体弱多病，是可以稍微放宽一点的。

当官的另有要求。如果当了文官，遇到家里人去世，不能继续当官，不过编制还会保留，等三年期满，再官复原职。这三年内，不得呼朋引伴，大开宴饮，也不能唱戏听曲，举办任何庆祝活动。总之，一切喜庆的事都得暂停。如果是武官，情况会好一点，因为武官情况特殊，所以只给三个月的假期，不用在家守孝三年。

以上所说,只是一般的情况,如果国家遇到紧急事件,比如外敌入侵,是可以通融的。如果国家实在需要,也可以强制你不丁忧,或者丁忧期未满,提前出来做官。但这都是国家意志,个人是不能左右的。就个人而言,家里人去世是必须要丁忧的,如果瞒报,一旦被发现,要被重罚。

再说回令狐绹,他在家闲了快一年,什么娱乐活动也没有,也不能和朋友们聚会聊天,难免有些无聊。也许,正是因为闲得太久,心眼也小起来,芝麻大点的事都能被当成西瓜。要是忙起来,可能就不一样了。

人一闲就爱瞎想,令狐绹和李商隐关系开始变坏,正是在这个时期。想起李商隐之前和自己那么好,现在父亲一去世,马上就转投王茂元,难道是看不起自己,觉得自己罩不住他吗?真是太势利了。不但势利,而且龌龊。事情是你干的,为什么不敢大大方方地告诉我?为什么还要偷偷摸摸地跑到泾州去呢?好汉做事好汉当。一走了之,暗地里把生米做成熟饭,实在不是大丈夫所为。李商隐啊李商隐,你为了功名利禄,真的堕落到了这样的地步吗?

虽然说,李商隐那么做很可能是有苦衷的,真相也并不像令狐绹想的那样,但在令狐绹看来就是这样。所幸李商隐对他也算了解,知道自己做了亏心事,一来到令狐家,就低眉顺眼,打算重修旧好。

怎么重修旧好呢？当然是搬出两个人共同的那个点：令狐楚老爷子。进门没多久，李商隐就好好地对令狐楚祭拜了一番，那态度，那感情，相当虔诚，无限沉痛。

既然李商隐表示出了态度，令狐绹当然也不好再板着个脸。面子上的事情，还是不能差的。于是接下来，两人不约而同地戴上了假面具，开始笑脸相向，一顿寒暄。

你家人怎么样啊？我家人挺好。你家人呢？我家人也挺好。

哎呀，到饭点儿了，你要不要留下来吃完再走？不了不了，我还有事，改天再来。那行吧，慢走不送。

虽然李商隐在令狐家聊了一阵，但两人的对话内容，大概也就像上面一样，实际已貌合神离。往日的感情落得如今这个地步，离开令狐家的时候，李商隐内心不会没有触动。更何况，在这些堪称鸡毛蒜皮的废话中间，他还拐弯抹角地试图向令狐绹解释，自己不是真的要投靠王茂元，实在是有苦衷。但令狐绹听完以后，完全无动于衷。

实际上，令狐绹不是真的没长心。他对李商隐之所以那么冷淡，完全只是想保全自己的面子。否则，被人毫不留情地端了，非但不想着怎么报复，爬起来以后，对那人还像以前一样热乎，在令狐绹看来，这种行为无异于卑贱。

令狐绹不是这么卑贱的人，但他也不是可以一笑泯恩仇的人。他这个人做事非常容易反复。今天觉得这样好，明天就后悔了。

无论如何，令狐绹在看到李商隐的态度以后，气消了不少。于是，不知道他有没有在暗中动什么手脚。反正，李商隐这次考上了。考完了以后，还马上被任命为校书郎。

校书郎，这三个字一定要划重点。到目前为止，这个词出现了好几次。令狐绹一开始做的就是校书郎，王茂元年轻的时候，做的也是校书郎。这个官品级虽不高，没有实权，但要是做好了，妥妥地前途无量。天上掉下来这么个大馅饼，李商隐当然欣喜若狂。努力了这么多年，终于当上了官，还是个不错的官，欣喜之情，自然溢于言表。

他马上写了几封信，通知各位家人，然后满怀希望地走马上任。

校书郎每日的工作，就是和成堆的书打交道。对别人来说，可能枯燥乏味，但正对李商隐的喜好。因为在那时候，虽然纸张已经普及开来，但适合书写的纸还在初步发展中，印刷术也只局限于雕版，还是实打实的新技术，也就是说，想印一本书，就要雕一整本书的版，这个版只能用于这本书，印完之后就不能用了。所以书的价钱还是很昂贵的，并且，对大多数人来说，它也没有太大的用途。因此，当时的书很少，想买到很困难，更别提收藏了，那都是书香门第的专利、身份和地位的象征。

普通人很难看到书，想看书怎么办呢？只能向有书的人借，实在喜欢，也可以抄下来。但抄书也很累人，照明条件又有限，很难不出问题。于是民间流传的大部分都是各种各样的手抄本，很可能还错误百出。

一直到北宋毕昇发明活字印刷术之后，这个问题才得到了一定程度的改善。

李商隐的出身不算高，自然也受到这些条件的限制，很多书，他一直想看，却看不到，有些书甚至连听都没听过。长期的匮乏养成了一个人对书的渴求。而这样一个想看书而不得的人，突然来到相当于国家图书馆一样的地方，当然会如饥似渴地读个痛快。

然而好景不长，这样的日子，李商隐仅仅过了一个春天。夏天开始的时候，他就接到了调令，奉命去弘农县当县尉。

弘农县在现在的河南三门峡境内，按照当时情况来看，也不算偏远地区，反而是个好地方。但从李商隐个人的角度看，地位明显是降了。虽然校书郎也是个小官，但毕竟挨着天子，有点位卑权重的意思，县尉不仅比校书郎的品级更低，还是个地方官。

从中央被下放到地方，孰好孰坏，一看便知。

具体说来，县尉的工作是什么呢？简单来说，就是管户口、收税与维持治安。全是非常实在的活儿。

而这些活儿又统统指向一个目标，那就是抓人。

瞒报户口的人，得抓；不交赋税的人，得抓；扰乱治安的人，得抓。

本来，对思维简单、干脆利落的人来说，这也不是什么大事。

反而，可能从这里干起，再稍微和上级搞搞关系，过两年也就升官了，但对李商隐来说，却是进退两难。

因为他不明确自己的身份，不知道自己到底和谁是一伙的。

官场中，站错了队伍可是大忌。不过官员相争，彼此总还是有势力的。李商隐面临的问题，却是官和民的夹层。本来他作为县尉，要做的是本职工作，把事办明白，把人抓起来。但他偏偏更同情平民，不想办法抓人，反而想办法放人，尤其对那些没有杀人放火、只犯了点小错的人，他从来都是能放则放。在他看来，老百姓都是走投无路，才不得不这么做，所谓官逼民反，如果再把人往绝路上逼，难免大家就会造反。到时候，对彼此都没有好处。所以，与其闹得没法收场，不如大家各退一步，相安无事。

这种思想也早就体现在他的那首长诗《行次西郊作一百韵》中。他一直主张，要对百姓施行仁政，不要逼得太狠。现在，手里真有了权力，自然也就要付诸实施。

李商隐这么做，是有利于当地安定的。但别忘了，他和令狐绹之间的关系还比较微妙。稍微消息灵通的人，都知道他背叛了令狐家，转而攀上了王茂元。因此，所有和令狐家站在一起的人，不管有没有受到令狐绹的指使，总看李商隐不太顺眼。如果他安分守己，也就罢了，偏偏还出了这样的事。

这次为令狐家出手的，是李商隐上司的上司的上司，一个叫孙简的人。前面说过，李商隐是县尉，他的上司是县令，他上司的上司是州刺史，再上面才是管着两个州的观察使。

孙简就是这个观察使。

孙简和令狐家的渊源还绝非一星半点。算起来，令狐绹是孙简的从表侄，虽然关系不是很近，好歹也算亲戚。孙简死后，墓志铭都是令狐绹亲自写的。而令狐绹的堂弟令狐缄，更是娶了孙简的第四个女儿，成了孙家的女婿。

本来，李商隐不过是芝麻大点的官，可能孙简都不知道手下还有这么个人。但李商隐总不抓人，还爱放人，名声传出来，孙简听到，感觉有点耳熟。仔细一想，原来是那个背叛了令狐家的人。好了，正愁找不着借口呢。现在不收拾他，还等什么时候。

借着这件事，孙简把李商隐叫去，劈头盖脸地训了一顿。李商隐不服气，争辩起来。孙简更生气了，认为从官职上来说，我是你的上级；从年龄上来说，我是你的长辈；从道德上来说，我始终是令狐家的人，你却是个叛徒。还不规规矩矩，好好听着，还敢顶嘴！真是有天大的狗胆！训到最后，孙简甚至想罢免李商隐。李商隐也特别生气，干脆拂袖而去。

其实，他心里未必不清楚，孙简就是没事找事，不怀好意。但事情既然已经发生了，对方也有继续收拾自己的意思，与其继续被人欺负，还没有一点还手之力，或者被人赶走，不如趁早自己离开，还能挽回几分面子。

但是，自己千辛万苦做了官，要是就这么放弃了，真有点可惜。所以，李商隐想先冷静冷静，没有直接说辞职，而是说请假，给州刺史写了封信，想先试探一下孙简的态度。

这样的事情，州刺史不能做主，是一定要上报给观察使的。也不知道孙简有没有看到，反正对于这件事，他没有任何反应。没过多久，他就因为升官被调走了。

孙简走后，又来了一个新的观察使，叫姚合。姚合出身显赫，是宰相的后代，自己还是个文人，好交朋友，和刘禹锡、李绅等人关系都不错。最重要的是，也没那么较真。

姚合觉得，李商隐不管是请假还是辞职，都是和孙简的恩怨，现在孙简走了，没必要再闹下去，差不多就得了。李商隐之所以闹这么一出，正是担心继续被孙简收拾，听姚合这么一说，觉得姚合对自己很温和，确实也就收场了。

然而，事情发生了，即便再留下来，李商隐心里也不舒服。更何况，他总觉得，自己好像被笼罩在一个巨大的阴影下，似乎只要还在官场里，就永远也摆脱不了令狐家的势力。

既然如此，离得远不如离得近。我就回到长安，站到你令狐绹面前，看你能把我怎么样。实际上，这也根本就不是你的意思。对吗？你虽然生我的气，但并没有想这么暗算我。只怪他们这些人就是自以为是地要为你出头。无论如何，你还会念着旧情，帮我一把的吧？

　　抱着这样的想法，那年秋天，李商隐向姚合提出了辞呈，说自己想换份工作，重新参加吏部的考试。姚合见他去意已决，也就答应了。

第十九章

搬家迁墓

李商隐回到长安没多久，朝廷发生了两件大事情。

首先，是老宰相裴度死了。

裴度是名副其实的大人物。为什么这么说呢？因为他出身于四大家族中的河东裴氏，虽然只是旁支，祖辈和父辈也都当过县令一类的小官，但他自己年纪轻轻、二十四岁就考中了进士，从县尉做起，因为擅长处理藩镇问题，被皇帝宠信，最终一路做到宰相。

裴度坐到这个位置上，也是经历了千难万险。在工作的过程中，他得罪了不少藩镇节度使，一度被暗杀过，幸亏随从武艺高强，拼死相护，最终才没有伤及性命，但还是受了伤。

按理说，一般人有了这样的经历，应该会收敛许多吧？比如说被贬为江州司马的白居易，从那以后，不是就沉寂了不少吗？但裴度并不是这样，伤好以后，还是我行我素，像什么都没发生过一样，该收拾节度使，还收拾节度使。

大家见暗杀没用，又开始挑拨离间。这招倒是有点效果。

渐渐地，皇帝的确不怎么喜欢裴度了，还让李逢吉顶替他做了宰相。自此，裴度算是走了一段下坡路。这件事，令狐楚也有份儿。

但是，后来因为参与诛杀宦官刘克明，拥立了唐文宗，裴度又成了皇帝眼前的红人。只可惜，那时候，裴度已经不比当年。他年纪大了，身体也不好，想起之前自己的所作所为，知道树敌不少。想到自己和别人斗了一辈子，太累了，决定还是低调一点，少惹事。所以，甘露之变后，他致力于救李训、王涯的手下，避免无辜之人被株连，做了很多善事。

然而，毕竟日薄西山、能力有限，发光发热，也就仅限于此。本来，唐文宗一直依靠宦官，甘露之变后，宦官的气焰更嚣张。裴度知道时运不好，也不想力挽狂澜，从此离朝廷纷争更远，开始在东都洛阳买房子、修园林，打算向白居易、刘禹锡等人学习，过一过逍遥闲适的退休生活。

没想到，他想退休，唐文宗却不放过他。毕竟，找这么一个人才太难了。裴度虽然不愿意再当官，架不住唐文宗软磨硬泡，也就被迫上任。但他身体的确是不允许，没多久就得了重病，很快就去世了。

唐文宗知道裴度去世了，特别伤心，不仅由朝廷出钱，对丧事大操大办，还给了他很多荣誉。可以说，裴度这一辈子，可真是没白活，不仅活得坦荡，还死得风光。

但裴度当了这么多年宰相，得罪了不少人，活着的时候，就有很多人造谣中伤他, 现在死了, 那些看不惯他的人, 更要说三道四。

可能李商隐身边就有这样的人, 也可能, 李商隐想借着裴度之死, 表达自己对令狐家的不满。毕竟, 当初令狐楚算计过裴度, 双方一直不对付。而令狐楚使的那些手段, 李商隐可能觉得令狐绹在自己身上也用过, 所以, 李商隐写了一首《韩碑》的诗歌颂裴度。这难免有一点唱反调的意思, 也有一点自伤自怜的感觉——看吧, 裴度被你们算计死了, 我也会步他的后尘啊!

当然, 抛却了上面这些原因, 从情感上, 李商隐也是很佩服裴度的。因为和当时很多人的想法不同, 他不认为国家兴旺起来是需要一个开明的皇帝; 他觉得皇帝不是最重要的, 最重要的是宰相。国家没有好皇帝, 自然是坏事, 但如果没有好宰相, 才是真的完了。纵观裴度一生, 作为宰相, 显然具备李商隐崇敬的诸多品质, 但是, 因为个人性格的原因, 外加上担心受到牵连或者排挤, 他不会直接表达想法。

《韩碑》这首诗背后隐藏着一段历史。原来, 裴度年轻的时候, 曾经带领大将李愬平定淮西。为了纪念这件事, 朝廷让韩愈写一篇文章, 刻在石碑上。韩愈的文章写得不错, 但主要赞美了裴度, 没说李愬的功劳, 李愬的妻子是皇帝的表妹, 知道了这件事, 非常不满。皇帝见表妹不高兴了, 虽然石碑已经刻成, 但还是赶紧让人把碑文磨下去, 重新写了一篇。这事才算过去了。

不得不说，李商隐挑的这件事，非常有针对性。他无非是想把那些编排裴度的人，或者说令狐绹等，比作大将李愬。但他没直接说，谁也抓不着把柄。

就着这个事，李商隐在诗中大大赞美了裴度，因为韩愈发动了古文运动，而早在他跟随处士叔学习的时候，就非常喜欢韩愈，连带着歌颂了韩愈，最后表达了对磨碑文的愤慨。

朝廷里发生的第二件大事，是过了还不到一年时间，唐文宗也死了。

死了皇帝，事情不算太大，但不知道谁来即位，事就大了。

唐文宗十八岁开始当皇帝，他是被宦官们硬推上来的，始终觉得自己名不正言不顺。因为他父亲是唐穆宗，唐穆宗的长子是唐敬宗，也就是他大哥。根据千百年来实行的嫡长子继承制，唐敬宗的后代才是皇位的合法继承人。所以，唐文宗内心深处一直想把皇位留给唐敬宗的后代。因此一开始，他立了唐敬宗的儿子李普为太子。

只可惜，李普五岁的时候死了。后来，他自己有了儿子李永，又把李永立成太子，没想到，李永十八岁的时候也死了。

之后，唐文宗还是想把皇位还给大哥这一支，于是打算立唐敬宗的第六个儿子李成美为太子。然而，还没等真的这么做，他就得了重病。病床上，他反复叮嘱宰相杨嗣复和李珏，让他们在自己死后，一定要辅佐李成美。

但大宦官仇士良、鱼弘志觉得李成美体弱多病，不堪大用，特别想立一个新皇帝。这样，新皇帝登基后，肯定少不得给他们好处。

所以，这两个人假造诏书，选了唐文宗的五弟李炎为接班人。

唐文宗知道了他们的勾当后特别生气，但他已经卧病在床，什么也做不了。实际上，就算他身体健康，也没法反对这些大权在握的宦官。不要忘了。甘露之变的时候，他身体还是好好的，但他自己找的那几位手下，像李训、郑注之流，最后还不是被仇士良杀了个片甲不留。

那时候尚且这样，如今又能说什么呢？而既然皇帝都不敢说话，大臣们就算说了话，还不是于事无补，说不定还要掉脑袋，何必呢？于是，在大家的一致沉默下，唐文宗死后，二十七岁的李炎就做了皇帝，是为唐武宗。

唐武宗也知道自己的皇位得来不易，周围有很多人虎视眈眈，让他特别没有安全感。为了保住这个位子，在他和仇士良等人的策划下，朝廷上上下下来了一场彻底的大清洗。对于支持李成美，或者试图支持别人，总之没有支持他的人，轻则流放，重则杀身。

并且，不仅限于前朝后宫，就连乐官伶人，统统都不放过。

在这样的高压下，宰相杨嗣复和李珏当然跑不了。他们先是被贬官，后来被追杀。因为他们是牛党的重要人物，接下来，很长一段时间，和牛党相关的所有人都失势了。

牛党的人不能用，唐武宗就要培植新的势力。与其自己费心费力，不如用现成的，于是，他重新起用了牛党的死对头李党，让李德裕做了宰相。

好在李德裕还是很能拎得清的。在唐武宗追杀杨嗣复和李珏的时候，正是他多次劝唐武宗改变主意，才最终留住了这两个人的命。尽管如此，李党得势后，对牛党的压制和排挤，还是少不了的。

一时间，不仅宫内人人自危，紧张兮兮，朝廷里的官员也都小心翼翼，生怕惹上麻烦。表面来看，统治阶级高层发生的这些事，和李商隐没有多大关系，但别忘了，令狐家向来是铁打的牛党，自然会被波及，虽然不至于到泥菩萨过江——自身难保的地步，但肯定不能帮李商隐多少了。

这时候，李商隐给自己留了另外一条后路，岳父王茂元于其中就起了一定的作用。当时，王茂元已经从泾源节度使改任为陈许观察使，转而来到陈州和许州，也就是现在河南的周口、许昌一带。

岳父那里总有自己的位置。并且，距离考试还有几个月的时间，闲着也是闲着。抱着这样的想法，李商隐又离开长安，去给王茂元帮忙。

王茂元虽然去了许昌，但并没有把女儿王晏媄也带去。考虑到女婿李商隐在长安，长安离洛阳更近，并且洛阳的生活条件显然也更好，更何况，他家像很多大官一样，在洛阳也有房产，所以，他把女儿放了洛阳。

李商隐去许昌投奔王茂元，在那里待了很短的一段时间。因为王茂元知道李商隐一直想在长安发展，而许昌离长安有一段距离。所以，后来，他介绍李商隐去华州刺史周墀那里做幕僚，因为华州在陕西渭南，离长安更近。

王茂元是很了解李商隐的，知道他不仅打算在长安发展，更想在长安长长久久地住下来。不是一个人的那种住，而是一家人在一起的那种住。

但是，当时他母亲在老家，妻子王晏媄在洛阳，要怎么把大家迁到长安来呢？操心费力肯定是自然的。更重要的是，长安是首都，用现在的话说，是妥妥的一线城市。李商隐想在长安站住脚，自然有些难度。就像现在很多年轻人，想在一线城市买房，只靠自己的能力，当然很难。

说到外援，李商隐的家里肯定帮不上什么忙，于是只好向朋友和岳父求助。尽管岳父王茂元有钱，但考虑到自己的地位本来就不怎么高。现在一个男子汉大丈夫，想要买房置地，还要向岳父伸手，实在不太像话。全靠王茂元，他也不好意思。

想来想去，长安城内，他是住不下了，只好去了离市中心将近三十里的城南乡下，一个叫樊南的地方。

选定了地方，就开始实打实地搬家。古代交通毕竟不比现在，李商隐又是从两个地方同时搬家，难度也就更大。所以，这一折腾就花了一年多的时间。

不过，虽然过程很艰难，过程中，李商隐也累出了一些小毛病，但心情总体还不错。这时候，他将近三十岁，而立之年，完成了这样一件大事，心中未免相当自豪。

虽然宏观上看，未来的十年，他简直过得差极了，但至少在当时，李商隐还不知道等待自己的是什么样的命运。

一家人总算在一起了，但因为一路上舟车劳顿，母亲年纪又大，没过多久，就生起了病，一直没有好彻底。李商隐的运气倒是有了起色。第二年春天，他顺利通过了吏部的考试，得到了一个新职位，重新进入了秘书省。需要他做的工作，还和以前差不多，品级却降了一级。

花了三年时间，兜兜转转，得到这样一个结果，李商隐心里肯定不平衡。所幸工作还算顺利，也就那样干着。可是，没过半年，他母亲的病更重了，达到了卧床不起的程度，天气转冷之后，更是直接病死了。

前面说过，家里死了人，官员要守丧三年。于是，这一次，李商隐还没工作一年，就离职在家，操办丧事去了。

丧事一过，就要考虑下葬。把母亲葬到哪里好呢？按照当时流行的合葬习俗，当然要送回荥阳和父亲合葬。

但李商隐一想，反正接下来的三年，自己也肯定要闲着，不如好好整理一下家族墓地。几代以来，李家四处迁徙，虽然算不上颠沛流离，但因为家境没落，家人埋得到处都是。从高祖那一代，李家定居怀州，因此，后世一直把李商隐当成怀州河内人。

怀州埋着李商隐的高祖和曾祖。但从祖父那一代，他们就搬到了荥阳，所以李商隐的祖父葬在荥阳。他的曾祖母卢氏也死在荥阳，按理说，应该送回怀州和曾祖父合葬，但李家能力有限，只好就近埋了。

李商隐的二姐死在父亲做获嘉县令的时候，虽然她之前嫁给了裴家，但生前就被人家休了回来，所以和裴家也就没了关系。按理说，她应该送回荥阳安葬，但因为李商隐的父亲忙着去浙江做幕僚，遂就近埋了。还好李商隐的父亲做幕僚途中去世，总算葬回了荥阳。

除了自己家的亲人，处士叔那边也需要照顾一下。因为其一生贫寒，虽然有两个儿子，但他死后，坟墓并没有被好好对待，多年以来，已经被水淹得很严重了。他的两个儿子多次写信给李商隐，希望李商隐能够提供帮助，无奈李商隐这些年一直忙着自己的事，也就没顾上。这次也应该解决一下。

于是李商隐不停地往来于怀州、郑州与获嘉县、长安城之间，劳心劳力，疲于奔命，又花了将近两年的时间。

本来，如果一切正常，这也用不了这么久，但在这个过程中，他们遇到了名副其实的不可抗力。那就是，在李商隐迁坟的中心——怀州附近，打了一场时间不算短的仗。

第二十章

岳父之死

为什么会发生这样的事呢？因为唐朝中央和藩镇的矛盾，到目前为止，不仅没有解决或者缓和，反而有种愈演愈烈的趋势。

唐武宗之前，皇帝大多比较温和，轻易不打仗，最多就是打打猎、炼炼丹，和道士们交交朋友。但唐武宗是个暴脾气，面对嚣张跋扈的节度使，才不会搞拐弯抹角的忍让政策，也不会因为觉得劳民伤财、荼毒百姓，就不开战。

对唐武宗来说，一言不合就开打，不管解决内部矛盾还是外部矛盾，都非常有用。西北的那几个少数民族，正是被他这么平定的。

但内外矛盾毕竟不同，少数民族服他，节度使们可不一定。眼看皇帝这么爱打仗，节度使们当然也都提高了警惕。

偏偏在这时候，出事了。

问题出在泽潞节度使刘从谏身上。

细算起来，刘从谏还是李商隐的老乡。李商隐祖籍怀州河内。刘从谏祖籍怀州武陟。不过，和李商隐差不多，那也只是刘从谏的祖籍。他本人是在幽州出生的，也就是现在的北京一带，因为父亲是武官，他从小耳濡目染，也对行伍之事非常熟悉，而且机智聪明，很小就跟着父亲南征北战。

后来，刘从谏父亲因为军功成了节度使，他自然成了副手。父亲死后，他希望继承节度使的位子。因此，很多大臣都觉得他太霸道，朝廷要真是答应，像怕了他一样，很丢脸。但当权的宰相李逢吉和大宦官王守澄收了刘从谏的贿赂，抢着帮他说话，最终，这件事也就成了。

唐文宗当政的时候，和刘从谏的关系还很融洽。但刘从谏看见朝廷内部乌烟瘴气，宦官专政，大臣结党，非常鄙视，也就没趟这浑水。

甘露之变后，宦官更加嚣张跋扈，无辜被株连的宰相王涯是刘从谏的好朋友，刘从谏几次上书为王涯鸣冤，对宦官冷嘲热讽。以仇士良为首的宦官们虽然看不惯他，无奈刘从谏手握重兵不好惹，也就暂时没说什么。

刘从谏知道自己得罪了人，从此厉兵秣马，广积金钱，实力越发强大起来，甚至一度刺杀了朝廷命官。然而好景不长，没多久他就生了病，越来越严重。因为担心自己死后，手中的军队被别人抢走，又考虑到儿子们还小，无法担此大任，就安排侄子刘稹接替自己做节度使。

这种手段是不是有点眼熟？想当年，刘从谏自己就是这么当上节度使的。只可惜，当时的皇帝温和，现在的唐武宗却不是个软弱的角色。

比较有意思的是，面对同样的情况，当时是大臣们反对，皇帝没态度；这次是大臣们没态度，皇帝反对。

大臣们没态度也是有原因的，因为西北正在打仗，内部不宜再出问题。但唐武宗怎么能咽下这口气？他当即派兵去打刘稹。但中央没有多少军队，只能调地方的兵，也就是其他节度使手下的兵。

于是，宰相李德裕组织了几路大军，浩浩荡荡地往刘稹那里去。这几路大军里面，就包括王茂元的部队。

前面说过，王茂元本来担任陈许观察使，现在，因为这件事，他又被任命为河阳节度使，驻扎在怀州河内，正是李商隐的老家。

刘稹盘踞的地方，大概处于现在的山西、河北、河南交界处。王茂元得到命令，把一部分部队开到南面的天井关，离前线最近的地方驻扎下来。

古代打仗，大部分时候，都是先礼后兵，能讲道理，从来不动手。王茂元年纪又大，更不想打仗，就想给刘稹写封信，劝他迷途知返，回头是岸。找谁写这封信好呢？在王茂元的心目中，李商隐当然是最好的人选。

李商隐正忙于迁坟，往来于荥阳、怀州一带，过来一趟也方便。于是王茂元通知了李商隐。

但是，李商隐写了一封声情并茂的劝降信之后，刘稹非但没投降，反而带兵打了过来。两军交战，王茂元的手下被打得稀里哗啦。其他几路军队为了保留实力，拒不增援。即便有好心增援的，因为缺乏统一指挥，效果也不大。

就这样，刘稹的军队从前线一路打到了怀州。

快七十岁的王茂元带人前去迎战，但他年纪大了，折腾这么一通，身体很快不行了。面对危急的情况，眼看其他节度使都不帮自己，赶紧上报朝廷。

唐武宗一听，气得七窍生烟，马上整理武器，调兵遣将，增援王茂元。

然而，援兵的到来需要时间。他们还在路上，刘稹已经快要把王茂元彻底包围了。王茂元无奈之下，打算带兵逃跑，幸亏属下一再坚持，才没有真的临阵脱逃。但他毕竟上了年纪，又惊又吓又操劳，病越来越重，没多久就去世了。

刚开始打仗的时候，李商隐还觉得，这件事不会对迁坟有太大的影响，所以迁坟没有暂停下来。一做才知道，到处都在打仗，特别需要写公文的人。李商隐作为王茂元的女婿，小有名气，不管走到哪里，都有人让他写公文。这些人还都是客气的，还有一些武将不由分说地把他抓去，非让他写文章，稍不如意，更是非打即骂。

在这种忍气吞声的情况下，李商隐甚至连黄箓斋和祭赛城隍的文章都写过。时间一长，李商隐不堪其苦，最终把迁坟的事情搁置下来，带着妻子住进了洛阳的王家宅子里。

因此，王茂元死的时候，他们夫妇也都没有见到他最后一面。

王茂元一死，李商隐震惊伤心之余，又忙了好一阵。先是给王茂元写遗表，难度不大，然后帮诸位亲戚们写祭文。他自己也写了两篇祭文。主要思想是，王茂元一死，自己失去了依靠，以后应该也做不了什么大官，王晏媄跟着自己，难免要过苦日子，希望王茂元理解自己，如果在天有灵，最好能帮助他们。

王茂元死后，仗还在打。最终，朝廷赢了，战火渐渐平息下来。李商隐迁坟的事情又能继续了。

好不容易把事情弄完，李商隐心力交瘁，精疲力竭。眼看三年假期只剩将近一年，他想找个地方好好休养一下。听说永乐位置偏僻，比较清净，离长安和洛阳还都不远，就带着妻子去了那里。

在永乐，李商隐和王晏媄每天只需要关心一日三餐，闲来无事，去附近走走转转，天气不好，两人就在家里喝酒聊天，安逸极了。虽然也和当地官吏有来往应酬，但都比较自由，不用考虑太多。有时候，李商隐和朋友会去更远的地方，但最多三五天也就回来了。

坦白说，这样的日子的确不错。但以李商隐的基础，肯定不能一直这样过下去。岳父王茂元已经死了。他在仕途上又成了无依无靠的人。钱财方面，自然也成问题。也正因此，郑州刺史李褒邀请他去做幕僚的时候，李商隐毫不犹豫地答应了。

李褒算是李商隐的亲戚，虽然是远亲，按理说，李商隐应该叫他一声叔叔。之前，李褒请李商隐写过文章，给的报酬也不低。李商隐想到之前的事情，觉得这会是一份不错的差事，就带妻子离开了永乐，去了郑州。

然而，在郑州，李商隐很快发现了问题。问题不在工作方面，在于李褒这个人。相处时间越长，李商隐越觉得不舒服。因为李褒是典型的李家脾气，遇到事情总是犹豫不决，拿不定主意，并且特别善变，让人猜不透他到底在想什么。

替人写公文，虽然需要文采，但更重要的，是把对方的心思表达对了。很多时候，连李褒自己都不知道自己想要什么，是不是这个意思，这就让李商隐很难办。本来，他自以为当了这么多年幕僚，揣摩上意的本事，虽然不至于炉火纯青，但也有一定水平。万万没想到，在李褒这里好像一点效果都没有。

正在他对这份工作感到厌烦的时候，王晏媄刚好有了身孕，于是，李商隐以此为由，带妻子离开郑州，回了洛阳，再次住进了王家的宅子里。

第二十一章

梦想与阴影

李商隐在洛阳无非相当于陪产。此时，他三年服丧的期限还差一段时日才结束，暂时没有官职在身，幕僚也不做了，每天只需要和妻子王晏媄一起等日子，和王家人好好相处，最多再和洛阳的朋友们交际应酬，为自己找些出路，规划一下未来就好。

从王晏媄的角度看，这是难得和丈夫团聚的日子。从结婚到现在，夫妇二人向来都是聚少离多，像这样朝夕相处的日子很少。即便有，客观环境也比不上现在。从精神上说，王晏媄生在这里，长在这里，对这里亲近熟悉，能在这座宅子里待产是很好的；从物质上说，配套设施、仆人、随从之类也是一应俱全。于是，在待产的日子里，王晏媄肯定是很开心的。

但李商隐的心情未必全是愉悦。这段日子里，他难免又想了很多。眼看自己三十多岁，早就过了而立的年纪，却能拿出什么安身立命、做一个顶天立地的男子汉大丈夫呢？

什么也没有。

家门零落，无依无靠，为了出人头地、有所作为，一路走来，不得不绞尽脑汁寻求人脉。先是靠着令狐家，得到了一些好处，坏处也显而易见。不过，可能因为令狐绹的一句话，他才得以考上进士。若非如此，他就是个一穷二白的落魄读书人。令狐家把他送上了另外一个平台，让他得以认识韩瞻，进而靠上王茂元。

在王家，李商隐比在令狐家更不舒服，因为两家的差异十分明显。他在令狐家扮演的是陪读的角色，好歹还能保留读书人的一点气节，令狐楚活着的时候，也是比较赏识他的；在王家扮演的是女婿的角色，还是门不当户不对的女婿的角色——王茂元虽然是武将出身，不算书香门第，总是有钱有势，李家算什么呢？相对而言，渺小得不如一粒尘埃。而李商隐本人也只有一个进士出身拿得出手。这个进士是他凭个人能力考上的吗？也许并不是，是令狐家帮忙的结果。于是，在王家，他难免觉得自己一无是处。

王晏媄嫁给他，本来就是下嫁。李商隐虽然是丈夫，比赘婿也好不到哪里去。之所以会是这样，倒不是因为王家人看不起他。实际上，和令狐楚一样，王茂元对李商隐也是发自内心地欣赏的。只可惜，李商隐虽然不算争强好胜，总也要面子。两家实力对比如此悬殊，结婚以后，又沾了对方这么多好处，别人不说，他自己也没法在王家人面前抬起头来。

不仅是个人发展，就连买房子、生孩子，也处处离不开王家的帮衬。就像这次，按理说，妻子待产，本应回自己家里，但那里的条件又怎能比得上王家呢？

所以，表面来看，李商隐这段时间没什么烦恼，借着王家的荫庇，他过着衣来伸手、饭来张口的富贵日子，心里却没有一天不在质疑自己，怀疑人生。

这种矛盾的心情，也明显地体现在了他的诗中。前一首诗，他表达的还是欢快愉悦的心情，下一首诗，就变得哀婉沉郁、闷闷不乐。

同样的沮丧和失落，也表现在他给令狐绹写的诗中。多年以来，他虽然走南闯北，但一直和令狐绹保持着联系。令狐绹对他的现状也很关心，得知他媳妇要生孩子了，当然也免不了写信慰问一下。

这首《寄令狐郎中》，正是李商隐给令狐绹的回信。

嵩云秦树久离居，双鲤迢迢一纸书。

休问梁园旧宾客，茂陵秋雨病相如。

这首诗是什么意思呢？大概就是，你像嵩山的云，我像秦川的树。我们离得这么远，你还记得给我写信，真是太好了。至于我的现状，还是别提了吧！秋雨绵绵，本来就让人感伤，更何况是像我这样体弱多病的人呢！

从诗中，我们也能看出，李商隐的精神状态不太好。他很想念令狐绹，希望能和这位昔日的朋友好好聊聊天，倾诉一下自己的烦恼和忧愁。虽然还没有人到中年万事休，却也有一种颓势在里面了。甚至可以说，到了这个阶段，他已经有些厌世。或者说，因为碰壁太多，处处不顺，他也不打算继续努力、挣扎，或者非要打破什么，证明什么。

逝者如斯，走到这一步，他只想获得一点精神上的宁静。很可惜，这精神上的宁静，在世俗世界中，眼看也是没希望了。

一个炎热的夏日，李商隐和几位朋友在亭子里喝酒聊天。亭子外是荷塘，荷花开得正好。清风一动，香气袭人。本来，天是大晴的，没过一会儿，突然阴了下来，大雨瓢泼而至，几个人一边喝酒，一边赏雨，兴致更高。很快，李商隐不仅喝醉了，还不知不觉地睡着了。

迷迷糊糊地，他觉得自己身轻如燕，飞到了云层里。越飞越高，越飞越高……终于飞到了金碧辉煌的仙境。哎呀，原来自己不是一个可怜的被命运摆弄的小人物，而是潇洒超凡、自由自在的仙人啊！仙人们见自己来了，纷纷笑着打招呼，欢迎回来。这种笑，可不是人世间那种皮笑肉不笑或者笑里藏刀，而是发自真心的善意。缥缈的云雾里，回荡着好听的仙乐，尽管若隐若现，朦朦胧胧，却蕴含着荡涤灵魂的强大力量。难道是潇湘仙子吗？还是河神？好像龙伯也在里面，自己熟知的仙人们都在里面。当然，还有很多是不认识的……他们都在忙着各自的事情，看上去非常轻松愉快……

在这个梦里，李商隐体会到了多年没有的愉悦之情。但梦终究是梦，梦醒后，一切还要继续。这冷硬的现实、庸俗的世间，多么令人厌烦。如果可能，李商隐宁愿一直待在梦里，再也不要出来才好。

让他对现实有了更深一层了解的，是与偶像的近距离接触，从而对自己的过去、现在和未来，生出一种空虚绝望之感。

这个偶像，是他从少年时代就崇拜的李贺。

俗话说得好，距离产生美。当一个人并不是特别了解另外一个人的时候，偶然得知对方身上有一些优点，总会生出好感。但如果全面了解了对方，尤其得知了对方的阴暗面或者负面事情的时候，就不一定了。

之前，李商隐一厢情愿地把李贺当成值得敬仰的前辈，对李贺的文风十分喜爱，甚至还刻意模仿了好几年，但对李贺这个人到底怎么样其实是不太了解的。

实际上，李贺和王家是姻亲。王晏媄的一位叔叔娶了李贺的姐姐。李贺和王家人相处得也不错。之前，和王晏媄结婚的时候，李商隐听说过这些，并且觉得自己很幸运，竟然能和偶像搭上关系，但因为一直在忙别的，也没有深究。

这一次，住在王家宅子里这么久，他有幸见到了李贺的姐姐，听她讲了李贺的生平。

原来，李贺的前半生真和李商隐差不多。首先，他们都和唐朝皇室沾亲带故。并且，按远近来，李贺还要比李商隐强一些。因为李商隐的祖先是西凉君主李暠的第八个儿子，唐朝皇帝李渊的祖先是李暠的第二个儿子。李贺的祖先则是李渊的叔叔李亮。

其次，他们出生的时候，家里都已经非常衰败，没什么可依靠的了。所以他们小时候长得都很瘦弱，还容易生病。而且，他们的父亲最高也都只做过县令，也都死得早。

他们为了谋生也都受尽苦难。在学习方面，他们同样刻苦。年纪轻轻，也都受到了前辈的赏识。区别只在于，李商隐跟的是令狐楚，李贺跟的是韩愈。

两人的运气也都不太好。李贺的运气比李商隐还要差一点。毕竟，李商隐是被令狐楚推荐上考场的，李贺则是凭自己的本事。本来，李贺也可以这样考中进士，但有些心怀不轨的小人嫉妒他，说他考试的时候，三年父丧还没过，最终导致李贺被取消了考试资格，连考场也没进去。

这件事对李贺打击很大，幸好韩愈一直看好他，几年后，推荐他做了个从九品的小官。接下来的三年，李贺一直待在长安，但在工作的过程中，处处掣肘，事事不顺心，对官场、对现实颇感厌烦。后来，他妻子病死了，升官也无望，于是请了病假，回老家待了一段时间，又去南方找过机会，没有成功，不得已，又回到长安。李贺后来终于辞了官，在潞州张彻的推荐下，去给昭义军节度使郗士美做了三年幕僚。

藩镇叛乱，郗士美讨叛无功，称病跑到洛阳休养。李贺本想转而投奔张彻，然而张彻也回了长安。走投无路的李贺只好回了老家，没多久就病死了。死的时候，只有二十七岁。

听完李贺这一辈子的遭遇，李商隐一边唏嘘，一边担心。从李贺亲人的口述中，他发现了自己和偶像有很多相似之处，虽然李贺也算是有名的诗人，不过，但凡是个正常人，都不希望一辈子过得像李贺一样吧？

但只看李商隐和李贺早年的遭遇，的确是高度相似的。相对而言，李商隐比李贺还要坎坷一点。至少，李贺和韩愈之间，没有像李商隐和令狐楚一样闹出什么不好看的事情。

再对比两个人的为官之路，李贺一生只是当了个小官，自己这么多年，兜兜转转，不也是这样吗？只不过，和李贺比起来，自己的妻子还健在，升官的话，只要努力一下，也并非全无希望。由此看来，似乎也是有转圜的余地的。

也许，李贺的姐姐给李商隐说这么一番话的确无心，只不过是亲戚之间随意聊天，但这不能不引发李商隐的深思。是啊，过去的事情都过去了，也没法挽回。以后，在能发挥主观能动性的情况下，一定要抓住机会，不要步李贺的后尘才好啊！李商隐暗暗勉励自己。

再仔细想想，李贺只活了二十七岁，自己至少没那么短命。只是不知道以后会怎样呢？会不会只是多活了一些年岁，实际一事无成呢？从李贺的经历来看，大概率也是这样吧？真是太让人郁闷了。像我们这样的人，出路到底在哪里呢？

李商隐听完李贺的故事，思来想去，未免更想挣个前途出来，让落在李贺身上的厄运，不要落在自己身上。抱着这样的想法，母丧期限一满，虽然离王晏媄生孩子还有一段时间，他还是早早地离开洛阳，打算回长安好好活动一下。

第二十二章
暗流涌动

　　每次去长安，于公于私，李商隐都不能不拜会令狐绹。更何况这一次，听说令狐绹服完父丧以后，不仅官复原职，还一路高升，所以，就算为了前途打算，对于令狐绹，李商隐自然也会更加重视。

　　见完令狐绹，看了别的朋友，处理了一些杂事，李商隐就开始办手续，准备回到工作岗位上了。也不知道令狐绹有没有给予他帮助，当年十月，他回到秘书省，还和之前一样，继续过着和书籍打交道的日子。

　　虽然这时候，他已经三十多岁了，在秘书省的众多官员里，年龄不算小，好在也不是最大的。而且，从主观上来看，他喜欢这份工作，这份工作也适合他；客观来说，虽然在这样的岗位上，很难做出太大的成绩，总也不至于犯什么大错，招致祸端。

　　总体来说，对于这样的安排，李商隐还是非常满意的。

　　接下来的日子里，工作没什么压力，也不急着要成果，进度全凭自己把握。想快点就快点，想慢点也不妨碍。晃晃悠悠地做着，总比其他部门的官员轻松自在。而同事之间，因为大家都是文人，比较看重面子，平时很少有矛盾，就算偶尔有了矛盾，也都是以和为贵，不至于闹得剑拔弩张、脸红脖子粗。大部分时间都是一团和气。

但有句话说得好，文无第一，武无第二。一群文人在一起，问题是显而易见的。往好了说，是勤于思考，热衷表达自己的看法；往坏了说，难免有纸上谈兵的嫌疑，还觉得自己特别厉害。久而久之，也便十分容易成为思想上的巨人，行动上的矮子——这还是相对好的那部分。大部分人，连思想上的巨人也算不上，因为他们看上去居高临下，夸夸其谈，实际表达的完全不是独立思考的结果，而是借用别人的言论炒冷饭，拾人牙慧。

还有些人会干损人不利己的事。他们为了谋求利益，不惜踩踏别人，有时候，甚至踩踏了别人，也没有保住自己的利益，这就十分贻笑大方了。

对这部分人来说，诋毁、中伤、算计……都是看家本领，表面上笑脸迎人，实际在背后捅刀子；表面上公平公正，道貌岸然，实际拉帮结派，虚荣势利。

上天给了人类一张嘴，安在他们身上，可以说是发挥得淋漓尽致。巧言令色，颠倒黑白……花样一个接着一个，真是令人目不暇接。

也许，李商隐没有踏入社会之前，对此还不是特别熟悉，但浮浮沉沉这么些年，就算没有深入其中，对于这些手段自然也不会陌生。

然而，面对这种情况，他能做的也只不过是尽量洁身自好而已。

清楚自己的实力，知道拼不过这群狡猾又善于逢迎拍马的狐狸，李商隐只能选择尽量远离，冷眼旁观，希望歪风邪气不要刮到自己身上。

但很快，关于李商隐的议论就出来了。尽管他想洁身自好，远离是非，终于没有得偿所愿。不过，说到具体内容，也没什么大不了。无非还是那些陈芝麻烂谷子，嚼他和令狐家的舌根。

有人说，他之所以能进秘书省，完全是因为令狐绹给他说好话。也有人提出质疑："这怎么可能呢？据说令狐绹因为他投靠王茂元，早就对他不理不睬了呀！"旁边当然有人附和："是啊，令狐绹作为牛党，不是失势了吗？听说已经被外放到湖州做刺史了。李商隐就算跟着他，还能捞得到什么好处呢？聪明一点的，不如趁早另寻高明！"

"哎呀，他怎么可能另寻高明？"又有人说，"你们不知道呀？他之所以能有今天，还不是因为当时令狐楚老爷子赏识他。"

谁都知道，这些话不太好听，被李商隐听到了，大家都尴尬。所以，为了避免尴尬，他们议论这些的时候，当然会故意背着李商隐。

尽管如此，世上没有不透风的墙，一来二去，李商隐也不可能一无所知。

虽然这些议论里面，有些的确是事实，有些则是空穴来风，但时隔这么久，李商隐难免气闷。这些乱七八糟的东西到底要跟到自己什么时候？难道真是一失足成千古恨，这一辈子再也没法摆脱了吗？李商隐觉得有些东西郁结于心，不吐不快，于是写了一首诗，企图纾解郁闷的心情。

写完之后，他自己也知道，不适合拿给人看，但又觉得，这首诗对于自己很重要，不能轻易毁掉，还得留着。

但诗总要有题目，题目是内容的写照。这样的内容，起个什么题目合适呢？李商隐想了很久，最终也没个办法，最后干脆叫了《无题》。

无题，真是个好办法，之前，李商隐还从来没有认识到，原来写诗还可以不起题目。自从开了这个口子，他一发而不可收拾，写了一连串的无题诗。

比如说下面这首《无题》，就是千百年来，家喻户晓、脍炙人口的名篇。

相见时难别亦难，东风无力百花残。

春蚕到死丝方尽，蜡炬成灰泪始干。

晓镜但愁云鬓改，夜吟应觉月光寒。

蓬山此去无多路，青鸟殷勤为探看。

还有这首《嫦娥》。

云母屏风烛影深，长河渐落晓星沉。
嫦娥应悔偷灵药，碧海青天夜夜心。

《为有》表达的则略有不同。

为有云屏无限娇，凤城寒尽怕春宵。
无端嫁得金龟婿，辜负香衾事早朝。

以上三首诗都作于李商隐供职于秘书省的时期。按照主流看法，这些诗都是描写爱情的。然而，除却后一首，前两首表达的，应该是相思之情。

从背景上来看，李商隐在相思谁呢？当时，他的妻子王晏媄生完孩子，很快就来了长安，正和他生活在一起，他相思的对象，肯定不是王晏媄吧？那么，是偶然结识的别的女子吗？好像也不可能。多年以来，李商隐一直洁身自好，从不在外寻花问柳，最多只和柳枝姑娘有过一段无疾而终的邂逅，其中，柳枝姑娘喜欢他，都比他喜欢柳枝姑娘多一点。

因此，从背景上来看，我们倒不一定非把这些诗当成是爱情诗。同一时期，这样的诗歌高频率地出现，最有可能的，是他借这些诗在表达个人感情这样的事情，他之前也做过。前面提过，他曾经在诗歌中假借别人的身份，表达自己的看法。

从这个角度想，与其把这些诗当成爱情诗，不如假设，李商隐是在缅怀一位故人。这位故人可能是令狐楚，也可能是令狐绹，总之和他的个人经历密不可分。否则，他又如何表达个人感情呢？

李商隐不过是在写自己的故事。

是啊，"相见时难别亦难"，不正是他和令狐家的写照吗？而所谓的嫦娥，多像李商隐自己——本来觉得天上不错，阴差阳错，也来到了天上，谁想到高处不胜寒，这里的日子多么寂寞冷清啊。这里的天上，指的不正是官场吗？而"无端嫁得金龟婿，辜负香衾事早朝"也可以理解为，从一个侧面表达了李商隐对现状的不满，本来，好好的感情生活多么值得留恋。为什么非要求取功名，走上仕途呢？人生于世，到底是感情重要，还是事业重要呢？

时隔千年，时至今日，诗人写诗的时候，到底是怎么想的，谁都不知道。别说是后人，就算是和他同时代的人、他身边的人，也不一定能揣摩到他真实的意思。因为这些感情、这些想法，毕竟是他不想被别人知道的。也正因此，他总用一些拐弯抹角的修辞，并且善于用大量的隐喻，试图把自己的想法和感情藏起来。

这些诗到底在说什么，恐怕只有他自己清楚了吧！

多年之后，只要有一定的合理基础，大家总是公说公有理，婆说婆有理。就像一千个读者眼里，有一千个哈姆雷特一样，面对李商隐的诗，一千个读者，也有一千种鉴赏方式。不过，不管怎么理解，我们只需要把李商隐当作一个人就好。

一个有血有肉的人。

诚然，他是有名的诗人，但诗人也是人，不是高高在上的圣人，更不是遥不可及的神明。

是人就有自己的感情生活，自己的烦恼，自己的世俗生活。

是人就有人性。

第二十三章
一朝天子一朝臣

李商隐在秘书省工作的这段时间，除了写了很多无题诗，也写了一些拐弯抹角、暗讽唐武宗李炎的诗。

他为什么要这么做呢？倒不是真的在为唐武宗着想，想要提醒唐武宗，这样做是不对的。毕竟，他的心境大不如前，令狐楚刚死的时候，他在送葬路上，看到民生凋敝，还满怀忧国忧民之心。但几年官场浮沉下来，人情冷暖，世态炎凉，真是看得够够的。他是再也没有那个心劲儿了。

这时候的李商隐，很大程度上，几乎开始走白居易的老路——当年，白居易一朝得意，也想向皇帝进忠言，反映民间疾苦，但被大家收拾过之后，渐渐地，也就颓丧了。

具体来说，李商隐还不如白居易。白居易好歹得意过，有向皇帝进忠言的机会，所以才受挫，也因此认清了现实。李商隐到目前为止，因为地位低微，官阶不够，别说向皇帝进忠言，也许连皇帝的面都没见过，又怎么能和白居易相提并论呢？

如果说白居易是受挫后认清现实，李商隐则是根本连受挫的机会都没有，就对现实绝望了。

的确，一开始，他父亲、他自己，都觉得他李商隐以后应该辅佐天子，成就伟业，做一代名臣。也正因此，前不久，裴度之死才会让他无限惋惜。因为他李商隐没有做到的，裴度做到了。裴度就是他想象中的自己。他做梦都想成为裴度那样的人。

但这么多年走下来，他也清楚，自己不是裴度，也做不了裴度。一切不过是美好的幻想。

幻想这种东西，年轻的时候，想想没什么。眼看三十多岁了，也该认清现实了。看看自己的身份地位，考虑那么多做什么呢？未免不值。江山是他李商隐的江山吗？他不过是一介小人物，平平静静的还好，稍有风吹草动，自保尚且困难。

这一层，李商隐还是可以看到的。所以，从主观上来说，他也不想对唐武宗说这说那。无奈那个时候，大家对唐武宗的意见都很大。眼看朋友、同事们都议论纷纷，他要是没意见，显得多么不合群一样。

他从来不想被当成不合群的人，所以，就算为了搞关系，他也得随大流。

那么，大家到底有什么看不惯唐武宗的呢？

也怪唐武宗的确做了一些大事，至少，在即位初期，他让颓败的朝政一度显示出了前所未有的活力。所以，眼看这几年，一年不如一年，人们才对他更加失望。

如果他一开始就比较平庸，后来再烂一点，影响应该也不大。

为什么一年不如一年了？首先，唐武宗爱打仗，时间一久，劳民伤财，国库空虚。其次，他和很多唐朝皇帝一样，信奉道教，酷爱服食丹药。天长日久，身体出了问题，对国事自然也就不那么上心。

皇帝占据着一国最好的医疗资源，得病不是大事，治好就行了。只可惜，有道士说，唐武宗这根本不是病，而是脱胎换骨、得道成仙的先兆。唐武宗一听，当然特别高兴，不仅不治病，还生怕有人拦着自己成仙，把得病的事情秘而不宣。

病可以不治，身体却更不舒服了。渐渐地，唐武宗体力越来越差，精神也开始萎靡不振。一开始，先是不怎么爱打猎，然后也不爱举办各类活动，后来连朝也不上了，也不愿意听大臣们汇报事情。

随着他的病越来越严重，有一次，一连半个月都说不出话来。就这样，断断续续地病了一两年，终于在一个春天，唐武宗以三十三岁的年龄，与世长辞。

虽然唐武宗有五个儿子，但他死得突然，没来得及指定继承人。于是，像以前一样，掌权的宦官们又开始蠢蠢欲动，最终跳过了这些儿子，直接选定了唐武宗的叔叔，已经三十七岁的李怡做下一任皇帝，也就是唐宣宗。

李怡是唐宪宗的第十三个儿子，辈分是很高的。那么，唐宪宗死的时候，他怎么没有继承皇位呢？这些年，他又在干什么？

李怡之所以没有在当时继承皇位，是因为古代皇位继承的顺序是按照父死子继、兄终弟及的原则。其中，父死子继，优于兄终弟及。也就是说，如果皇帝有儿子，就由儿子继承，如果皇帝没有儿子，才考虑由兄弟继承。

在父死子继上面，嫡长子又有优先权。也就是说，正房生的第一个儿子，是名正言顺继承家业的；如果这个儿子死了，那就从正房生的其他儿子里面选；如果正房的所有儿子都死了，才会考虑从庶出的儿子里面选。

但以上这些，只是一个基本原则。如果皇帝特别喜欢哪个儿子，或者有其他一些别的原因，不是嫡长子也是可以继承皇位的。

唐宪宗死后，即位的唐穆宗就是这样的情况。他虽然是李怡的三哥，按道理不是第一顺位继承人，但因为母家势力大，所以被宦官拥护，成了皇帝。

可是，李怡的母家势力也不差。宦官们为什么没有拥护他呢？甚至，他为什么都不在候选人之列呢？这就得找找他的个人原因了。原因也很简单，因为他从小就不爱说话，看起来不怎么聪明，所以自然没人支持他。

唐穆宗死后，把皇位传给了大儿子唐敬宗。李怡正式成了皇叔。唐敬宗倒是有好几个儿子。他打算让老六李成美继承皇位，但他死的时候，李成美才两岁，宦官们私自立了唐敬宗的二弟做皇帝，也就是唐文宗。

唐文宗一共有两个亲儿子，都死得早。后来，他想把皇位还给侄子李成美，没想到又被宦官们给搅黄了。这一次，宦官们立了唐文宗的五弟做皇帝，也就是唐武宗。

也就是说，李怡从唐敬宗到唐文宗、唐武宗，一共做了三朝的皇叔。

多年来，他一直是那副低调行事、沉默寡言的样子。他的大侄子唐敬宗还好一点，唐文宗和唐武宗这两兄弟，因为和这位叔叔年纪相仿，经常以逼他说话为乐，喜欢看他难堪，其中尤其以唐武宗为甚。

现在，唐武宗死了，小心谨慎地活了二十多年，终于轮到自己当皇帝，李怡自然很开心。但皇帝肯定不能是光杆司令，或者说，只依靠宦官是很危险的。李怡很清楚这一点，所以，他即位以后，做的第一件事，就是找一批忠心的大臣，建立起自己的领导团体。

找谁好呢？唐武宗宠爱李党，也就是李德裕那帮人。虽然说，李德裕一直自诩为君子，才不承认自己结党营私，在用人的时候，也不会因为谁和牛党亲近，就故意不用。牛党的柳仲郢和白敏中，还都是他亲自提拔上来的。但李党是一直客观存在的。

在这里，柳仲郢和白敏中这两个人，一定要交代一下。白敏中是白居易的堂弟，两人一直很亲近。唐武宗还活着的时候，本来想起用白居易，但李德裕说，白居易年纪大了，还有病，恐怕做不了官，他堂弟白敏中学问不低于他，还是用白敏中吧。唐武宗听从了他的建议，从此，白敏中就上位了。

柳仲郢的背景和白敏中的差不多。他的叔叔，是大名鼎鼎的柳公权。柳仲郢一开始跟的是牛僧孺，但因为刚正不阿，也很受李德裕的赏识，后来还被李德裕推荐，当了京兆尹。这是个什么官呢？大概相当于首都市长。但他上任之后，依然我行我素，不刻意巴结李德裕。

唐武宗死后，唐宣宗要培养自己的势力，最先做的就是和唐武宗反着干，开始捧牛党，踩李党。先把宰相李德裕贬为荆南节度使，又把李党的大臣统统收拾了一通，同时把以牛僧孺、李宗闵为首的牛党大臣一步步从各地收回来，加以重用。

柳仲郢和白敏中都是彻头彻尾的牛党，虽然是被李德裕举荐上来的，但这并不影响站队的问题，于是也得到了升迁。没过多久，白敏中还做到了宰相。

令狐绹本来被外放为湖州刺史，现在李党失势，牛党得势，自然也沾了光，被召回了长安，但这和李商隐的关系不怎么大。真正影响了李商隐之后几年命运的，是李德裕的老部下，一个叫郑亚的人。这个人虽然出身不怎么好，却为人聪明，有才华。因此，虽然为官之路也并非一帆风顺，但总比李商隐好多了。

　　李德裕一倒台，郑亚受到牵连，被改派成桂州刺史。接到调令之后，他开始着手组建自己的幕僚班子，邀请了很多人，其中就包括还在秘书省工作的李商隐。

第二十四章
远赴贵州

前面说过，李商隐在秘书省，虽然工作方面没什么压力，但人事方面，简直糟糕透了。而且，令狐绹回来之后也一直没有提拔他的意思。又考虑到如果答应郑亚，可以得到一笔不菲的安家费，李商隐也就辞去了秘书省的职务，决定跟郑亚走了。

没办法，李商隐这几年，真的太缺钱了。

自从把家搬到长安附近以后，他就非常缺钱。这种缺钱，像现在的年轻人刚在一线城市买完房一样。只不过，他安家的钱不是向银行贷款的，而是亲朋好友资助的。这些人里面，有些和他关系好，可能不用还，或者对方有钱，还不还也无所谓。但别人怎么想是别人的事情，李商隐要是不还，心里总是不舒服。

但他又能从哪里得钱呢？秘书省吗？那本不是能得多少油水的地方，就算能得，李商隐也有着文人的清高，下不去那个手。

想想也真是够讽刺的。本来觉得终于能好好做官，把母亲和妻子都接来长安，但母亲没过多久就死了，妻子从小到大娇生惯养，自从跟上自己，没有一天不在过苦日子。岳父活着的时候还好，岳父一死，自己家的日子过得更差了。

好歹女儿生在洛阳王家的宅子里，条件优越，妻子没有落下什么毛病。但前不久，儿子出生了，因为家里条件不太好，妻子生完孩子没有得到很好的护理，很快就病了，一直到现在都没有彻底恢复健康。

李商隐的这个儿子，名叫李衮师。

前面我们也说过，从本性上来看，李商隐不想去过于偏远的地方，如果可能，他恨不得一直在长安，这辈子都不离开。也正因此，当年，得知萧澣被贬到遂州，他甚至连遂州都不愿意去。遂州在四川。而桂州在现在的广西桂林，显然比四川更远。

但他在做萧澣幕僚的时候，还是孤家寡人，在选择上也就相对自由些。现在，他拖家带口，压力实在太大。

我们甚至可以说，李商隐之所以决定去桂州，都不是为了改善一家人的生活，而只是为了养家糊口，被迫做出的选择，完全就是没有别的路可走。

毕竟，人的适应性是很强的。只要没病没灾，不吃太好的，不用太好的，日子也过得下去。但李商隐现在面对的情况，明显没那么乐观——外面欠着钱，妻子病着，儿女需要抚养。如果还在秘书省，他不仅升迁无望，养活家人都是问题。

不答应郑亚，又能怎么办呢？就算不想去桂州，又能怎么办呢？

就算为了那笔安家费，也得先答应啊！

这时候，李商隐的心里，难免又对令狐绹生出一丝怨恨之情。你现在春风得意，为什么对我视而不见？看到我过成这样，你真的开心吗？你如果愿意伸出援手，哪怕只是稍微拉我一把，我至于沦落到这种境地吗？

但令狐绹从本质上来说，也不是心胸宽广的人。李商隐当初抛弃他，转而投靠王茂元的事，他可是一点都没忘。现在，看着李商隐穷困潦倒，他的心中，要说一点得意也没有，也是不现实的。

就李商隐来说，但凡还能想出一点别的办法，绝对不想去桂州。一走就是好几千里，说不定这么一去，从此就死在那里，再也回不来了啊！当初，自己的父亲不就是这样死的吗？

就算退一步讲，能够活着回来，但到底什么时候才能回来呢？李商隐抱着这样的想法离开长安，难免一路悲戚。但他也明白，这时候，如果去找令狐绹说情，无异于自取其辱。

不能找令狐绹，还能找谁呢？他想到了一位叫卢弘止的远房亲戚。

卢弘止是李商隐的长辈，早在李商隐二十多岁的时候，他还在当县令，李商隐就带着文章前去拜访过。卢弘止看了文章，很赏识他。从那以后，两个人一直保持联系。李商隐迁坟的时候，还请卢弘止给家人写过墓志铭。

碰巧，在跟郑亚一同前往桂州的路上，李商隐遇到了一个姓薛的人，知道这个人要去长安，他就给卢弘止写了封信，托这个人带去。希望卢弘止能想办法，至少帮自己留意一下有没有机会能回到长安。

从情感上来说，这封信应该是偷偷摸摸写的。毕竟，刚答应了郑亚，现在没走多远，就想回长安，被郑亚知道，实在是很尴尬的。

写完信，李商隐跟着郑亚继续上路。从三月开始，他们一直走了两个多月，经过河南、湖北，进入湖南，再一路向南，最终于五月九日到了桂州。

在桂州，李商隐公务繁忙，每天主要写各类公文，不怎么写诗。

牛党对于李党的打压是毫不留情的，尤其是对他们的首脑李德裕。没过多久，李德裕被牛党的一个官员告了一状，说他冤杀了一个叫吴湘的县尉。

告状的是吴湘的哥哥吴汝纳。

吴汝纳说，吴湘在江都当县尉的时候，因为贪污和强抢民女，被上司李绅报告给了李德裕。李德裕处死了吴湘。但实际上，吴湘虽然贪污了，却没有强抢民女，罪不至死，希望朝廷明察。

执掌朝廷的牛党正愁没有借口整李德裕，当然要明察。事实上，这个案子本来就不干净。因为吴湘强抢的民女身份比较复杂，她父亲做过小官吏，生母也是差不多的出身，继母才是普通百姓。

所以，仔细算来，这个民女，不是民女，而是小官吏的女儿。

李德裕也知道这一点，但他对吴家人的印象本来就不好，因为在此之前，吴家出了个贪官。李德裕一见吴湘犯事，也不愿意多想，直接抓着他贪污的事，就把他处死了。

从客观的角度说，吴湘只犯了贪污罪，李德裕这么处置，的确不太妥当。尽管从人情来看，也不算太大的事，但牛党抓住这件事，大做文章，说李德裕失职，很快就把他一贬再贬，最终贬为潮州司马。

久经官场的李德裕清楚，牛党这是绝对不想放过自己了，潮州司马不会是终点。但自己这一生的政绩是不能被就此抹杀的。在还能做一点事情的时候，他想把写过的那些公文、散文、诗歌整理一下，流传后世。

想来想去，他把它们交给了老部下郑亚，希望郑亚把它们留存下来，并代作序言。

郑亚把起草序言的任务交给了李商隐。李商隐把文稿从头到尾看了一遍，对李德裕有了全新的认识，不禁佩服起这位宰相来，也觉得牛党这么对李德裕，简直不太应该了。

也许，在他的潜意识里和李德裕有了共鸣，觉得令狐绹这么对自己，也是不太应该的吧。

平心而论，令狐绹得势以后，所作所为的确不太地道。李商隐到桂州没多久，令狐绹就装模作样地寄来一首诗。这在之前是

从来没有发生过的事，因为令狐绹从来不喜欢写诗，平日里和李
商隐联系，主要也都是写正常的信。

现在，令狐绹的这首诗，已经遗失了，我们也不知道他在诗
里到底写了什么。幸好李商隐看完这首诗，写了一首《酬令狐郎
中见寄》，作为回应。

望郎临古郡，佳句洒丹青。

应自丘迟宅，仍过柳恽汀。

封来江渺渺，信去雨冥冥。

句曲闻仙诀，临川得佛经。

朝吟撒客枕，夜读漱僧瓶。

不见衔芦雁，空流腐草萤。

土宜悲坎井，天怒识雷霆。

象卉分疆近，蛟涎浸岸腥。

补羸贪紫桂，负气托青萍。

万里悬离抱，危于讼阁铃。

大概意思就是，我知道，你对于我的选择，不太开心。你认为，
我不应该这么早就跟郑亚来桂州。对此，你很生气。但我又有什
么办法呢？我还要等你到什么时候呢？你一直不对我伸出援手，
我的境况又如此窘迫，急需得到解决。除了答应郑亚的邀请，我

还有什么别的路可走呢？我的确是不想放弃你的，也愿意相信你，只可惜你一直没有反应啊！不过，你放心，我对你，对你们令狐家的感情，还是一直没有变的。

第二十五章
郑亚的出路

事实上，李商隐这么做，也不是一次两次了。好像，他对令狐绚，一直都不太信任，或者说，令狐绚让他很没有安全感。他始终没法把希望都放在这个人身上。

最初，他屡试不中，不是就觉得令狐绚不帮他，写了一封阴阳怪气的信，说从此要隐居山中，再也不考了吗？也正是因为这封信，令狐绚帮了他，让他考上了进士。

后来，因为几次三番当不上官，他不是又一气之下，转而投奔王茂元了吗？

从这个角度说，他此次前往桂州，可能也只是一次试探——看令狐绚是什么反应，刺激一下令狐绚。所谓以退为进，来一个苦肉计，看令狐绚到底会怎么办。

毕竟，他自己是不想来的，如果说，真是因为缺钱，似乎也没有那么山穷水尽。他面临的情况是窘迫，但还不至于揭不开锅。换句话说，如果令狐绚愿意帮他，他也真不至于到这样的地步。

于是一切也就又指向了令狐绹。

但令狐绹现在刚回到长安，的确有一大堆事要忙，哪怕在朝堂之上，也要想办法站稳脚跟，所以还真就没时间处理李商隐的事。忙碌之余，写一首诗寄来，除了显示自己的优越感，暗地里指责李商隐，不依附自己，转而依附王茂元是个错误以外，无非也想探探口风，看看李商隐的意思。

李商隐怎么可能不知道令狐绹想干什么？两个人别别扭扭了这么多年，他很明白，令狐绹这首诗，算是给自己递出了橄榄枝，所以才会在诗里表忠心，并且再次暗地里提出了条件。

这些事，他现在的上司郑亚，应该也并不十分清楚。因为，这就像李商隐托那个姓薛的人带给卢弘止的信一样，都约等于在找下家。

不过，郑亚也没工夫想李商隐是不是在骑驴找马。他对自己的前途也很忧心，眼见老上司李德裕被一贬再贬，他的下场又会好到哪里！郑亚越来越不安，试图找一点新的出路。

只可惜，他是十足的李党，现在朝廷里掌权的是牛党。他就算现在转投牛党，牛党也不一定要他。更何况，这种改换门户的事情，他一时半会儿还真做不出来。

既然如此，当然要团结自己阵营里最有实力的人。

他想到了郑肃。

郑肃是李德裕的好朋友。李德裕做了宰相后，没多久，也把郑肃提拔成了宰相。所以，从地位上来说，郑肃相当于李党中仅次于李德裕的二把手，并且，在众多李党官员中，他不算被贬得最厉害的一个。虽然李德裕倒台后，郑肃的宰相也当不成了，但他还是被任命为荆南节度使，去了湖北。

因此，在郑亚眼中，郑肃算是个潜力股。毕竟，想继续靠李德裕翻身是不可能了，但靠着郑肃，以后可能会有好处的。最主要的是，郑肃是郑亚的老乡，两个人都是荥阳人。虽然血缘上没什么关系，但一笔写不出两个郑字，郑亚想找个机会和郑肃攀亲戚。

这么重要的事情，他决定交给李商隐去办。

从广西到湖北有一段距离。李商隐带着随从，怀揣郑亚的亲笔信，外加礼品，一路坐船，很是走了一段时日。

路上除了观赏风光，就是整理文章。

到目前为止，李商隐断断续续，已经做了十多年幕僚。虽然每次的时间都不太长，跟的也不是同一个人，但多年以来，他的主要工作都是给人写公文。对此，李商隐当然不满意，因为在年少的时候，他本来满心觉得，自己就算做官，也要陪伴君王，做一代名臣，没想到如今还和城门下代写书信的穷书生差不多。

虽然有了功名，名头光鲜，不是给平头百姓代写书信，而是给大官们代写公文，但本质上，又高级了多少呢？而这所谓的机会，还是靠令狐家才得到的。

令狐家……如果没有认识他们，说不定自己现在过的好得多。

虽然不一定有现在的地位和见识，但做个穷书生，做个处士叔那样的隐士，也未尝不好啊！至少，可以写一点自己想写的东西，而不是把十多年的精力和时间，统统用来写换钱，聊以维生。

什么是自己想写的东西？毫无疑问，是古文，是记叙人物和历史的文章。自己在这方面是有长处的，当初，堂弟李羲叟对此也有过疑问，问自己为什么不一直写古文，而要改写骈文？答案其实再简单不过，还不是为了求取功名，进入官场。

现在，官场的中央没进去，也不太可能进去，兜兜转转，只摸了个边，何等不值啊！

回想这十几年跟过的那些人，令狐楚活着的时候，自己过得还算好，后来跟过萧澣、崔戎他们，但都没能长久。令狐楚死了，令狐绹一直别别扭扭，不冷不热；转投王茂元，王茂元也死了。多少年来，因为家门零落，无依无靠，一直战战兢兢，如履薄冰地想要借东风，没想到谁都靠不住，靠山山倒，靠海海崩，真是太倒霉了。

上层没有打进去，人生价值实现不了，物质享受也没有；下层也回不去了，那些最简单质朴的快乐，一旦错过，又怎么能轻易追回呢？最终只能夹在这么一个不上不下的位置，又是何苦？家里人向来又没有长寿的，说不定自己也活不了几年了。这辈子，过得可真凄苦啊！

李德裕已经六十多岁，因为觉得自己被贬没个尽头，才想整理一下毕生作品，流传后世。他的这个行为对李商隐造成了震动。虽然李商隐才三十多岁，但一直也就做个小官吏，没什么出头之日。现在是给郑亚做幕僚，谁知道又能做到哪一天？

郑亚如果有办法，还用派自己大老远地来和郑肃拉关系吗？眼下这个幕僚，也就且做且珍惜吧！说不定，过不了两天，就连这个幕僚也做不成了。

前途在哪里？依然是满眼迷茫。如果郑亚跟不了，还要继续跟别人做幕僚吗？还是回去考试做官？很明显，李商隐更倾向于后者，这么多年幕僚做下来，真是让人疲惫。而随着牛党的得势，他心里似乎始终燃着这样一个火苗——那就是，令狐绹不会就这样让他穷困潦倒。

说到底，还是要回长安。既然这可能是自己最后一次做幕僚，那么，这些文章，能整理一下还是整理一下吧！

抱着这样的想法，李商隐趁着在船上的空闲，把随身带的这些骈文，好好地编了一下。因为他把家搬到樊南以后，自号为"樊南生"，这本文集最终被命名为《樊南甲集》。

整理完文集，差不多也到了地方。见到郑肃，办完公事，郑肃少不得对他热情招待，带他游山玩水。

逗留了一段时间，快到年底，他告别郑肃，打算沿原路回桂州。万万没想到，就在途经岳阳的时候，遇到了一位许久不见的故人。

第二十六章

前车之鉴

　　这位故人，就是刘蕡，也就是前面提到过的刘去华。

　　两个人上次见面，还是十年前，令狐楚即将去世的时候。他们在令狐家相遇，一见如故，颇为投机。后来，李商隐跟着令狐家的人一起护送令狐楚的灵枢回长安安葬，刘去华则去了襄阳，投奔正在担任山南东道节度使的牛僧孺。

　　"这么多年不见，你怎么样啊？"李商隐问刘去华，"听说，你不是一直在柳州当司户参军吗？"

　　"是啊。还不是因为李德裕上位，牛党的人都被调到外面来了。不过，在柳州，我也一直都是该做什么做什么。毕竟，不管上面怎么闹，百姓总还是要过日子的。"

　　"过去的事都过去了。风水轮流转，现在不是牛党上位了嘛！"李商隐安慰刘去华。

　　"那倒是。李德裕一倒台，我也好过多了。只不过，都是一把年纪的人了，对于这些争争斗斗的事，真是有些疲惫。谁掌权和我们又有多大关系呢？你看，我这头发都花白了。谁知道还有多少年好活？哎呀，别说我了。你呢？结婚了吗？现在在做什么？"

"结婚了。娶的是王茂元的小女儿王晏媄。还生了一个女儿，一个儿子。"李商隐说，"现在我在桂州，给郑亚做幕僚。这次是去郑肃那里办公事，办完了，正打算回去。"

"桂州离柳州不远啊，早知道你在那里，我就去见你了。何必等到现在。"刘去华说。

"我也没在那里待多久。"李商隐说着。他又问道："对了，你家人怎么样？还都不错吧？"

"我那三个儿子都长大了，也考了几回试，但都还没什么结果。现在跟着我媳妇，住在洛阳乡下。我这一走，也很久没回去了，不知道他们都长成什么样了。"

"是啊，真是让人牵挂。我的儿女也还小。独自一人孤身在外，最想的就是家人了。"李商隐附和道。

两人就这么随便地聊着，亲亲热热地相聚了好几天。反正都没什么急事，借这个机会，好好地喝了几顿酒，也去周围有名的景点逗留了一番。

常言说得好，人生得一知己，死而无憾。刘去华虽然不能算李商隐的知己，总是一个不错的朋友。李商隐这些年，去过不少地方，见过不少人。朋友不少，但真正没有利益纠纷的，却是寥寥无几。

所幸刘去华就是其中之一。这样的朋友，的确弥足珍贵。

然而天下没有不散的筵席。离别的时候终归到来了。正值冬春交际，天气虽然开始转暖，江风还是又急又寒，阴沉的天空下，零星飘下几朵雪花。一望无际的江水中，刘去华的小船漂荡不定，眼看就要离开，李商隐无以为赠，有感而发，写了一首诗，题目叫《赠刘司户蕡》。

江风扬浪动云根，重碇危樯白日昏。

已断燕鸿初起势，更惊骚客后归魂。

汉廷急诏谁先入？楚路高歌自欲翻。

万里相逢欢复泣，凤巢西隔九重门。

送走刘去华，李商隐也离开湘阴，继续南下，回到桂州，向郑亚汇报了一番。郑亚听完，在夸他办得好的同时，很快又给了他另外一个任务，那就是去昭州代理郡守。

为什么会这样呢？因为前不久，昭州出了一件大事。原来的刺史，不知道因为什么，私自离开了。那么大一个地方，突然没了地方官，作为上司的郑亚当然要想办法。

当然，他没权力任命地方官，但还是要先找个人代理，等朝廷的任命下来再说。

李商隐也清楚，按照惯例，如果代理郡守干得好，朝廷也不会再新找一个人，而会直接任命自己为新的地方官。但他对昭州，其实不算特别满意，因为昭州是现在的广西平乐县，偏远不说，还民风彪悍，不好管，实在不是一块好的落脚地。

但既然郑亚开了口，他也不好推辞。更何况，虽然昭州不是一个特别合适的地方，但他这么多年来，也没有做过这么大的官，有过这么大的权力。

有机会独自管理一块地方，他还是有些期待和向往的。也许，终于能放开手脚，做一些有利于百姓的事了吧。就像好朋友刘去华一样，虽然被贬到偏远的柳州，不也能为普通民众办实事吗？别说刘去华，前辈柳宗元不也是如此吗？抱着这样的想法，李商隐愉快地接受了任命，去了昭州。

情况果然不容乐观。昭州刺史跑了有一段时间，诸事无人管理，乱作一团，民风和方言也和中原大不相同。小官吏们虽然还在官府里，却每天喝得烂醉如泥……李商隐看到这样的场面，难免痛心疾首，暗下决心，一定要干出一番事情来。

他是这么想的，也是这么做的。

平心而论，他也的确有一些本事。没过多久，大小事务就被他安排得井井有条，一切都重新走上了正轨。

然而，就在这时，他收到了刘去华的死讯。

原来，虽然刘去华接到朝廷的命令，离开柳州，要往长安去，但像对李商隐说的那样，他对做官这件事早就心灰意冷。最终，他没有回到长安，而是带着随从找个地方隐居了，没过多久就与世长辞了。

也就是几个月的工夫，两个好朋友天人两隔，再也见不到了。李商隐接到消息后，内心难免唏嘘。

在李商隐为此伤心之时，事情又有新的变化。前面说过的，吴汝纳的案子还在继续发酵。在那件事里，除了李德裕被贬为潮州司马，郑亚也受到了牵连。客观说来，倒是不太冤。因为当初办案的人里面，也有他一个，所以，现在案子翻了，他当然也要负连带责任。

对郑亚的处置是，贬为循州刺史。循州大概在现在的广东惠州一带，相对于广西桂林，又偏远了一点，眼看就要和他的老上司李德裕挨到一起了。

任命下来，必须即刻出发。郑亚马上派人通知李商隐。他给了李商隐两个选择，一个是跟自己一起去循州，一个是留在昭州，等接替自己的人来。

非常明显，这两条路李商隐都不想选。早在去拜访郑肃的时候，他就不想再做幕僚了，否则也不会整理那些公文。或者说，就算再做幕僚，也不想孤注一掷，全力以赴。

本来，他答应郑亚来桂州，就是为了那笔安家费。现在安家费拿到手，郑亚又被贬，他可不想与其同行。

留在昭州？也是不合适的。郑亚让自己代管昭州。新来的官可不一定。新来的官也必定有新幕府，自己在里面不知道能不能有位置，昭州更不会长远地留在自己手上。到时候，自己还不是得灰溜溜地离开吗？

与其那时走，不如现在走。

李商隐打定主意，选了第三条路——他接到消息，离开昭州，回到桂州。帮助郑亚写完最后几封公文以后，他告别郑亚，一路向北，打算回长安。

这时候，距离他们到桂州还不到一年的时间。

虽然最终的目的地是长安，但一路上，李商隐也在找机会。他拜见了几个李党的官员。其中就包括李回。

李回本来也是个大官。他是名正言顺的王族后代。后来考中进士，开始做官，仕途一帆风顺，最后被李德裕赏识，唐武宗在位时，可以说权倾一时。唐武宗死后，随着李德裕的倒台，他受到牵连，一路被贬到潭州，也就是现在的湖南。

李商隐和李回也算有点关系，当初，他有一次考试，李回是考官之一，对他有几分欣赏。所以，李商隐想来李回这里试探一下，看有没有什么机会。

李回客客气气地接见了李商隐，留他住了几天。李商隐为了感谢李回，也为了显示诚意，为李回写了几封公文。李回虽然对公文赞不绝口，但没有长留李商隐的意思。

李商隐又待了一段时间，看没什么下文，也就只好离开，继续北上。

其实，李回倒不一定不想留李商隐，但他和郑亚一样，也是自身难保，也就不愿意再拉上李商隐，平添麻烦。更何况，他对李商隐也算有一定了解。自己虽然暂时看着光鲜，但好日子也没有两天了。与其到时候看着李商隐另投他处，不如一开始就拒绝。

果然，李商隐走了没多久，李回就再次被贬，去了一个和郑亚差不多少的蛮荒之地。

李商隐离开潭州以后，又去了荆州，接着在四川境内转了一圈，无奈一直没找到合适的机会。其间，他写了两首诗，其中一首，就是大名鼎鼎的《夜雨寄北》，还有一首是《梦令狐学士》。

君问归期未有期，巴山夜雨涨秋池。

何当共剪西窗烛，却话巴山夜雨时。

这首《夜雨寄北》就像李商隐这个人一样，充满了朦胧暧昧之情。有人说诗是寄给他妻子王晏媄的，也有人说是寄给一位友人的。无论是寄给谁的，里面蕴含的感情，的确是非常浓烈的。

寄给妻子，当然是合适的；如果是寄给朋友，肯定也不是一般的朋友。

你问我什么时候能回去，我也不知道啊。归期毕竟不是我能说了算的。现在，外面下着淅淅沥沥的秋雨，窗外，池子里的水越涨越高，眼看就要满了。多想和你一起在窗边聊天，一直聊到烛花都凝结了，我们再一起去把它剪掉。多想把我最近的遭遇、此时此刻的心情，都一股脑地说给你听啊！

也许，就在当晚，李商隐又写下了另外一首《梦令狐学士》。

山驿荒凉白竹扉，残灯向晓梦清晖。

右银台路雪三尺，凤诏裁成当直归。

外面的秋雨断断续续，下个不停。我住在山间的驿站里，外面一片荒凉，门是用竹子做的，旧得发白。灯里的油，眼看也要烧尽了。迷迷糊糊地，我做了一个梦，梦到了千里之外的你。不知道你是不是在翰林院里加班，不过，等到公文都写完了，就能回家休息了吧……

右银台是个地名，指的是右银台门，位于皇宫西边，门里就是翰林院。令狐绹作为翰林院学士，经常在那里写公文。而雪三尺，倒不一定理解为雪真的下了三尺，更多的是表达了一种凄清寂寞的心情。当直，是通假字，通当值。

李商隐在四川流连了一段时间，实在没有结果，继续一路向北，于深秋再次回到长安。

能 回到长安，李商隐的心情总是不错的。虽然这次，是因为幕僚做不成了，不算什么好事，但他相信，在长安总会有更好的发展，毕竟，令狐绹怎么可能真的忘了自己呢？

像在去拜访郑肃的路上想的那样，他再次参加吏部的考试。结果出来后，果然非常让人满意——他被任命为周至县尉。虽然官不大，但周至县归京城管，也算是天子脚下。地理位置非常不错，离家也不算远。总体来说，是一个不错的工作。

接下来两年，李商隐在事业上总算有了一点起色。当朝廷命官的同时，他还被身为京兆尹的上司看重，兼职幕僚，为其代写公文。用现在的话说，也就是市长秘书了，并且还是首席秘书，相当于秘书长一样的人物。

这两年也是唐朝外交的上升期。随着周边少数民族势力的衰弱，唐朝的国威再一次立了起来。边关喜事不断，京兆尹当然少不了上书庆贺。这些公文，大部分都是李商隐写的。

就算没有这些大事，京城平时的小事也不断，需要写的公文很多，李商隐的工作很忙。但忙归忙，这是李商隐人生中难得愉快的时光，因为他终于被看重了。

从这个角度说，此时和给令狐楚当幕僚那段时间差不多，而且还更胜一筹。因为那时候，他还只是个年轻人，没什么名声和地位；现在不一样，虽然他一直在官场边缘摸爬滚打，但也积累了一定的经验，至少在写公文上面，不管年纪大的还是年纪小的，都很少有能比得上他的。更何况，他是京兆尹点名要的人，就算看着京兆尹的面子，大家也得给他三分薄面不是？

工作方面，李商隐如鱼得水。不仅公文写得非常顺畅，每篇公文写成后，还会被下面一群年轻人当作范文，大加夸赞，奉为楷模。

被人捧的日子，管它是不是真心的，总让人过着舒服。日子一长，李商隐也就又活泛起心眼来。他觉得自己好像时来运转，该是大展拳脚的时候了，说不定就从此青云直上，飞黄腾达了呢？于是，除了平时和同事朋友出去应酬，他又频繁地出入各种社交场合，试图认识更多的人，找更多的机会。

在这些人里，他最抱希望的，当然还是令狐绹。

此时正是牛党得意的时候，令狐绹一路高升，过得比他更顺畅。眼看过不了多久，令狐绹当上宰相也是很有可能的。对于这样的老朋友，李商隐绝对不会放弃。

虽然许多年来，他们一直别别扭扭，但感情明显还是有的。

如果真是一点感情都没有，也就不至于别扭了。

尽管李商隐也明白回不到从前，但就算从好朋友退化成普通朋友，也没必要老死不相往来。碰巧令狐绹也是这么想的，好歹相识一场，之前关系不错，现在就算没以前那么好，也没必要闹得太僵。

于是，在外人眼里，两人还是朋友关系。李商隐闲来无事，还去拜访令狐绹，令狐绹对他虽不像以前，却也接待得礼貌周到。

千不该万不该，一来二去，李商隐又开始蠢蠢欲动。事实上，他这时候接近令狐绹，本来也就目的不纯。从感情上来看，两个人以往的交情，就算再深，也差不多被时间消磨得所剩无几。现在，令狐绹之所以还维持和他的关系，除了念旧情，更大的原因是不想把事情闹得难看。但李商隐借着这最后的时机，又写了一首诗，让令狐绹的心彻底凉透了。

这首诗叫《令狐舍人说昨夜西掖玩月，因戏赠》。

昨夜玉轮明，传闻近太清。

凉波冲碧瓦，晓晕落金茎。

露索秦宫井，风弦汉殿筝。

几时绵竹颂，拟荐子虚名。

题目其实没什么实际含义。令狐舍人，说的就是令狐绹，因为令狐绹当时担任中书舍人，给皇帝起草诏令，也就是皇帝的贴身秘书。可想而知，在当时这是秘书的最高级别。

西掖，不是个地名，是中书省的代称。所以，这个题目，就可以理解为：令狐绹说，昨天晚上在中书省赏月，我听了以后，写了一首诗送给他。不过，只是开玩笑，不必当真。

前面六句写的无非就是，昨天晚上月色很好，你赏月一定很尽兴。接下来又想象了一下，赏月到底有多好多好，最后话锋一转，既然这么好，什么时候也像古人推荐司马相如那样，推荐推荐我，让我也有这样的机会呢？

其实，他有这样的想法，也是人之常情。知道老朋友一路高升，想分一杯羹，也很正常。但如果站在令狐绹的角度看，李商隐就非常不地道了。

哦，当初我没这么有权力，你和我若即若离，几次三番背离我，投奔别人，也不相信我会帮你，试图自己找出路，就算碰得满头包，诸事不顺，也没有想起我。现在看我有权有势，赶紧就凑过来。未免太势利了吧？不能和我共苦，现在想和我同甘？大家一起受难的时候，你跑得比谁都快。看到胜利果实，又开始提以前的事了？

实际上，李商隐也明白这些，所以心虚，不然也不会说是"戏赠"。这是他给自己留的退路，如果令狐绹当真，真愿意提拔自己，那是最好；如果令狐绹没当真，也不至于尴尬。

令狐绹看了诗，是什么反应呢？当然什么反应都没有。李商隐也不在意，不管令狐绹怎么对自己，毕竟这条线不能断了，所以，他还是像什么都没发生过一样，继续和令狐绹维持着不咸不淡的关系。令狐绹对他，也还是那样。

但有了这首诗，他彻底明白令狐绹的意思了——这是还记恨着自己，并且大概率不可能再原谅了。别说令狐绹还没做宰相，就算做了宰相，也和他李商隐没有半点关系。简单来说，就是他李商隐别想再从令狐家得到一点好处。

既然明确了这一点，李商隐就又把目光放到了别人身上，其中就包括杜牧。

他为什么会注意杜牧？很大程度上，是因为他的好朋友温庭筠。

李商隐和温庭筠很相似。首先，两个人年龄相仿；其次，温庭筠的祖先虽然做过宰相，但那已经是唐太宗时候的事了，到他出生的时候，家门零落得和李商隐差不多。

温庭筠八岁死了父亲，家里四个孩子，都是被寡母一手带大的。在这样的背景下，温庭筠也当过伴读。十二岁的时候，他父亲的好朋友段文昌当上了刑部尚书，来到温家，带走了他，让他给自己儿子当伴读。

接下来的十一年，段文昌官职几经变化，但温庭筠一直跟着他们父子，直到段文昌死后，二十三岁的温庭筠才回到长安，开始考试。

在长安，温庭筠过得并不好，不仅因为屡试不中，还因为体弱多病。更何况，有了之前的经历，加上一事无成，亲戚们也看不起他。虽然中途结了婚，生了儿子，却也一直过得非常不顺。

眼看这么多年一直考不上，温庭筠也开始想着攀上当时权倾一时的令狐绹。

这些事，李商隐当然是知道的。

有一次，温庭筠的诗得到了杜牧的赏识，他赶紧抓住机会，给杜牧写了封信，希望杜牧能推荐自己。李商隐知道了，觉得自己和温庭筠差不多，不仅家世背景差不多，文风也一样。杜牧既然能赏识温庭筠，应该也会赏识自己，就也给杜牧写了几首诗。

然而，不管是对温庭筠还是李商隐，杜牧都没下文。这是为什么呢？原因其实很简单，温庭筠和李商隐算是同病相怜，杜牧可不一样。他们从本质上来说，就不是一路人。

杜牧的背景比李商隐强多了。他祖父做过宰相，而不是像温庭筠那样，是几百年前的宰相。多年以来，杜家人也一直都在做大官。杜家和李德裕家还是世交。

因为这些原因，杜牧不到二十岁的时候，就被李德裕赏识。

杜牧虽然是个文人，但更喜欢军事和兵法。二十多岁就小有名气。二十六岁就考中了进士，开始做官。但因为一些想法和李德裕不合，后来又去做牛僧孺的幕僚，难免让李德裕心里犯嘀咕，所以，李德裕上位后，杜牧被排挤，外放到黄州做刺史。

黄州在现在的湖北武汉。现在挺繁华，当时却是专门外放贬官的地方。但杜牧心胸开阔，在黄州待了三年，不仅把黄州治理得井井有条，还兴办教育，多次亲自上阵，收了不少弟子。

黄州之后，他又先后做了池州和睦州的刺史，最终被人说了好话，回到长安，做了史馆修撰，转吏部员外郎。

史馆修撰，简单来说，就是写史书的。前面我们也提过，李商隐在去拜访郑肃的路上，还一直在想，自己擅长写古文，愿意记叙历史，如果能得到合适的机会，一定可以做出一番事业。

杜牧就是他的机会，只可惜杜牧不愿意给他这个机会。

温庭筠也一样，收不到杜牧的回应，他只能继续依靠令狐绹。而令狐绹不会放弃任何压榨他的机会，甚至开始假借他的才华，为自己谋利。

这种事，也许早些年，他在李商隐身上也没少干过。说不定，他考中进士，就有李商隐的功劳。但这都是猜测，没什么证据。

下面这件事却是有证据的——因为唐宣宗喜欢《菩萨蛮》词，令狐绹让温庭筠写了一首，对外谎称是自己写的，呈给了皇上，并让温庭筠严把口风。

但温庭筠似乎并不心甘情愿，或者是后来反悔了。不知道是有意还是无意，总之他把这件事对别人说了，搞得令狐绹很丢脸，就此，两人算是结下了梁子。

　　有令狐绹挡在前面，温庭筠以后的考试之路自然更不顺。虽然偶然得了机会，做了一些小官，也断断续续当过幕僚，但还不到五十岁，就贫病交加，非常窘迫。

　　万不得已，他又想起了令狐绹，希望令狐绹能伸出援手，而小心眼的令狐绹当然不会原谅他。不仅如此，有一次，温庭筠被人打得七荤八素，门牙都掉了，令狐绹知道了，还包庇凶手，把过失都推到温庭筠身上，把他贬到方城做县尉。没过多久，温庭筠就病逝于任上。

虽然，温庭筠的遭遇，都是二十多年以后的事，但从中我们也能看到令狐绹的心胸到底有多狭窄。相对而言，他对李商隐的确算是不错。虽然没有提拔他，但也没有故意整他——像对待可怜的温庭筠那样。

但李商隐对此，明显是不满意的。这种不满意，不仅体现在日常的行为举止上，更体现在他的诗作里，尤其是那首名为《九日》的诗里。

曾共山翁把酒时，霜天白菊绕阶墀。

十年泉下无消息，九日樽前有所思。

不学汉臣栽苜蓿，空教楚客咏江蓠。

郎君官贵施行马，东阁无因得再窥。

这首诗作于公元 849 年。为什么叫九日？因为当天正是九月初九重阳节。李商隐去拜访令狐绹。也不知道令狐绹是真不在家，还是不想见他，李商隐没有见到令狐绹本人。他又遗憾又失落，就写了这首诗。

大概意思是这样的：想当年，过重阳节的时候，我和你父亲令狐楚把酒共欢，霜天万里，缤纷的白菊铺绕台阶。现在，过去了十几年，他老人家死了。今天又是重阳，只剩我自己对着酒杯，若有所思——按理说，令狐楚活着的时候，把我当自家看待，我们就像兄弟一样。令狐楚死了，我们更应该团结在一起，没想到，你竟然一点都不像令狐楚那样珍惜我、爱护我，导致我如今，只能像屈原那样徒然地哀吟江蓠的诗篇，郁郁不得志。如今你位高官大，府门前已架设行马。那招贤的东阁，我再也无缘窥见了。

和之前比起来，李商隐这首诗算是很直白。可能，他也知道令狐绹不喜欢写诗，不喜欢读诗，遂故意写的浅显一点。

这里面的埋怨之意是很浓烈的。也不怪李商隐这么郁闷。回到长安后，他一直试图和令狐绹重修旧好。无奈两人裂痕实在太深，令狐绹又不是豁达的人，不可能全都当没发生过。所以，李商隐倒是热情起来，但他总是绕圈子，打太极，或者干脆什么反应都没有。

按理说，令狐绹的意思这么明显，李商隐应该有自知之明才是，但也不知道李商隐哪里来的自信，非觉得令狐绹应该对自己鼎力相助，好像令狐绹真的亏欠了他什么似的。

　　两个人之间到底有什么恩怨，时隔一千多年，早就说不清道不明。究竟发生过什么，可能只有他们自己知道。但李商隐对于令狐绹的埋怨，甚至于怨恨，倒的确是不浅的。

　　一开始，他还只是对令狐绹有意见，后来，竟然对令狐楚也一百八十度大转弯，从感恩戴德，转为了批判和后悔。

　　事实上，可能李商隐在心里，早就对令狐楚存有不敬之心，这大转弯也暗地里转了，只是没有明面上说出来。一方面是担心别人知道，说自己忘恩负义，毕竟，要不是令狐楚提拔他，他现在也就是个穷困潦倒、一事无成的读书人。虽然现在也不至于有多大成就，但这些成就，都有令狐家的功劳。另一方面，他应该也是顾忌令狐家的势力。令狐楚活着的时候，他当然不能这么说，因为他还想攀上令狐楚谋利益，令狐楚死了，他秉承死者为大的想法，也没有这么说，而且，一开始，他也想靠着令狐绹。这么说对他有什么好处呢？

　　现在，眼看交情越来越淡，真实的想法，也就自然显露出来了。

　　这种想法，在《白云夫旧居》和《漫成五章（其一）》里面，都有明显的体现。

　　令狐楚在长安开化坊有处老宅子。有一次，李商隐不知是无意走到那里，还是有意旧地重游，总之，那天回去以后，他写下了这首《白云夫旧居》。

平生误识白云夫，再到仙檐忆酒垆。

墙外万株人绝迹，夕阳惟照欲栖乌。

白云夫指的就是令狐楚。整首诗的氛围很颓败，我这辈子，真是不应该认识令狐楚啊。再次回到这里，追忆往事，但周围却是一片荒凉，只剩下一轮夕阳，照着想要去里面栖息的乌鸦。李商隐觉得，自己这一辈子，真就是成也令狐，败也令狐。如果没有令狐家不会有现在的成就，但也正是因为有了令狐家，一生也就这样了。

沈宋裁辞矜变律，王杨落笔得良朋。

当时自谓宗师妙，今日唯观对属能。

像上面这首《漫成五章（其一）》一样，李商隐对结识令狐家，表现出了深深的后悔之意。当时只觉得，能跟着令狐楚简直太好了，现在看看自己，还不是只会写这些公文，什么也做不了啊！

客观来看，李商隐这么说，未免有点矫情。过去的事总是不能重来。他一厢情愿地觉得，如果没有跟令狐楚，可能会有更好的发展，实际上，根据他的背景和条件，到底怎么样，还真不好说。就算他能够遵从自己的喜好，写古文，不写骈文，甚至不进入官场，但这本身就是和他的个性背离的——当初，他不是力争考取功名，挤进官场，甚至想做一代名臣吗？

所以，现在李商隐的后悔，未免对令狐楚不太公平。说这种马后炮又有什么用呢？事情已经发生了，知道后果才追悔莫及。好像自己当初多聪明似的。就算再给你一次机会，在当时的情况下，你也不会有别的选择啊！就算有别的选择，结果也不一定比现在好。

与其期期艾艾，幽幽怨怨，还不如坦然接受，现实一点好。

只可惜，李商隐从来不是这么坦荡的人，否则，他的一生也不会纠结得像一团乱麻。他总觉得，如果当初怎样怎样就好了，对现状抱着极其不满的态度。觉得都是因为跟令狐楚学了骈文，才落得以后只能代写公文的境地，虽然公文写得漂亮，实际没有多大用处。但他的这些牢骚，不过是具体情况下的结果，要是改一两个条件，他也不会有如此的感慨。

如果他借助写公文，当了大官；如果令狐绹愿意不遗余力地提携他；如果他没有过得这么惨，而是借助写公文的本领，就此飞黄腾达，这些怨言，他一句都不会有。

说来说去，他现在满腹牢骚，悔不当初，不过是对现实不满罢了。

客观看来，相对于以前，现实已经对他不薄——工作不错，家里还好，王晏媄糟糕的健康状况在慢慢好转，还又得了一个小女儿，总体说来，是他这些年来难得的好日子。但对喜欢担忧的人来说，不管现状是什么样，总有担忧的理由。

李商隐就是这样的人。眼看日子过得平平静静的，他又担心起独生子李衮师的未来。李衮师快五岁了，到了开蒙的年纪，眼看要读书了。想到自己这失败的一生，他又怎么能没有感慨呢？为此，他写了一首《骄儿诗》。

衮师我骄儿，美秀乃无匹。

文葆未周晬，固已知六七。

四岁知姓名，眼不视梨栗。

交朋颇窥观，谓是丹穴物。

前朝尚器貌，流品方第一。

不然神仙姿，不尔燕鹤骨。

安得此相谓？欲慰衰朽质。

青春妍和月，朋戏浑甥侄。

绕堂复穿林，沸若金鼎溢。

门有长者来，造次请先出。

客前问所须，含意不吐实。

归来学客面，闹败秉爷笏。

或谑张飞胡，或笑邓艾吃。

豪鹰毛崭屼，猛马气佶傈。

截得青筼筜，骑走恣唐突。

忽复学参军，按声唤苍鹘。

又复纱灯旁，稽首礼夜佛。

仰鞭胃蛛网，俯首饮花蜜。

欲争蛱蝶轻，未谢柳絮疾。

阶前逢阿姊，六甲颇输失。

凝走弄香奁，拔脱金屈戍。

抱持多反侧，威怒不可律。

曲躬牵窗网，䂮唾拭琴漆。

有时看临书，挺立不动膝。

古锦请裁衣，玉轴亦欲乞。

请爷书春胜，春胜宜春日。

芭蕉斜卷笺，辛夷低过笔。

爷昔好读书，恳苦自著述。

憔悴欲四十，无肉畏蚤虱。

儿慎勿学爷，读书求甲乙。

穰苴司马法，张良黄石术。

便为帝王师，不假更纤悉。

况今西与北，羌戎正狂悖。

诛赦两未成，将养如痼疾。

儿当速成大，探雏入虎穴。

当为万户侯，勿守一经帙。

从诗中，我们可以看出，李商隐非常喜欢这个儿子。他觉得这孩子聪明机灵、活泼好动，对读书有天生的兴趣，还有一点争强好胜，让他十分满意。但这不是他写这首诗最大的目的。他之所以写这首诗，很大程度上，是为了勉励李衮师，或者说是为了规劝和警告。

你父亲我之前就像你一样，天生无邪，对世间充满希望。现在呢？不仅身体不行了，也没太大的成就。你长大了，千万不要学我，只想着读书考取功名。现在国家需要的是武将，这个出路更光明，希望你多学兵法和军事，用武功博取名声和地位，成为对国家有用的人。

李商隐出生的时候，他父亲就对他抱有殷切的期许，从起名上，就足以看出来，他希望李商隐成为一代名臣。最主要的是，文臣。李商隐的前半生也正是朝着这个目标努力的。无奈客观条件实在太差，扑腾了半辈子，只能这样了。

但失败的教训时刻在提醒他。他也尽可能地吸取了教训，改变了对后代的期望，不再希望儿子做文臣，而更期待看到儿子做武将。其实，从遗传的角度说，并非是没有可能的。虽然李家的基因比较差，但有了王家的加盟，李衮师似乎得到了改良，至少不那么病弱了，以后可能也会更长寿。更何况，他外公王茂元不就是个武将吗？按理说，他应该也是有这个天赋的。更何况，从难易程度来看，与其耗费小半辈子考进士，还真不如从武，凭借头脑和体力，拼出一个花团锦簇的未来。

只可惜，也许依然是家世的原因，也许是个人原因，总之，李衮师一直默默无闻，论其成就，还真不如李商隐。在历史上，他除了占有"李商隐儿子"的名头之外，终其一生，没有任何拿得出手的成就，其生平也已不可考。

一句话，这个背负了殷切希望的孩子，最终像绝大多数普通人一样，彻底消失在了滚滚红尘里。

第二十九章
徐州永诀

客观来说，李商隐已经尽力在扭转自己的命运了。他知道现在是武官厉害，所以，不仅在诗里嘱咐儿子，本身也在努力往这方面发展。

没过多久，卢弘止找上了他，希望他能跟自己去徐州，加入幕府，担任判官。

这个卢弘止，就是李商隐跟郑亚去桂州的时候，托人带信找机会的那个卢弘止。当时，信是带到了，卢弘止也看了。但李商隐毕竟刚走，他马上插手，好像从郑亚那里抢人一样，怎么说都不合适。更何况，李商隐还拿了郑亚一大笔安家费，总要付出一点代价。所以，那时候，他就什么也没做。

后来，卢弘止被调为义成节度使，离开长安，去了滑州，也就是现在的河南滑县。李商隐却离开桂州，回了长安。于是，阴差阳错，两个人又错过了。

但卢弘止是个好人，李商隐的事，他一直都想着呢，没忘。

卢弘止不是在滑州当官吗？为什么又要去徐州呢？这就要说到一件公事——前不久，徐州驻军因为一点事情，发生骚动，把节度使赶走了。卢弘止正是被朝廷派去补缺的。

因为这次调动，卢弘止先回了长安一趟，其间联系了李商隐，希望他能帮自己去徐州处理军务，任武宁军节度判官。

李商隐这么多年以来，还从来没做过判官。判官这个职位，有点部队文职的意思。它的主要功能，就是帮助军官管理部队。李商隐对此非常感兴趣。他觉得自己好像可以给儿子做出表率了——看呀，你爸我也不是只会写一些花里胡哨的公文，我可以在军旅中有一些作为！说不定，还可以给儿子攒些资源呢……和未来比起来，眼前的周至县尉等就显得不值一提了。毕竟，他不想让儿子也像自己一样，一辈子只当个给人代写公文的秘书。更何况，如果跟卢弘止走，又可以得到一笔丰厚的安家费。家里到处需要用钱，为什么要推辞呢？

考虑到这诸多好处，李商隐毫不犹豫地答应了卢弘止。

但他也留了个心眼。因为，从本质上来说，他有点胆小，至少不是莽撞的人。听说，徐州的那些官兵非常霸道，谁知道会不会继续闹事？如果有个三长两短怎么办？多危险啊！他虽然想投身军旅，可不想就此冤死。因此，他虽然答应了卢弘止的邀请，却没有跟卢弘止一起上路。

表面上，他的理由是想先把家里安顿好再说，实际上，他无非是不想冒险，希望卢弘止把那边的官兵们都该镇压的镇压，该安抚的安抚，总之，等事儿都差不多了，他再露面，就安全了。

因此，卢弘止六月走的。他又在家待了好几个月，一直等快到冬天，估摸着卢弘止那边也不能有什么大事了，才不紧不慢地动身。

临行之前，一个叫薛逢的人来送他。薛逢是河东人，也就是现在的山西永济人。他和李商隐差不多，也是个不得志的人，虽然考中了进士，但情商有些问题，总觉得自己厉害，喜欢笑话别人，说话也特别直接、难听。简而言之，就是爱揭人短，哪壶不开提哪壶，还是故意的，好像就喜欢看人难堪，显示自己聪明一样。

薛逢有一个朋友，没他有才，他总笑话人家，后来人家当了大官，处处挤兑他。眼看和他差不多少的人都飞黄腾达了，就他还在苦苦挣扎。

即便如此，他还是管不住这张嘴，一点也不知道收敛，接连写诗得罪了两个宰相。因此被权贵们看不上，仕途自然也很坎坷。

不过，薛逢也有一些可爱之处。有一次，他年纪大了，还得了病，穿得破破烂烂，想要上朝，正赶上进士科放榜，新科进士们排着队在街上走。沿路百姓都特别羡慕，唯独他不以为然。有个在前面开路的官员看他挡了路，还以为他是哪里来的平民百姓，一边斥责，一边赶他。他却说："你怎么能这么以貌取人呢？老太婆在十几岁的时候，也是涂脂抹粉的。我在年轻的时候，也是中过进士的。"

就是这样一个人，在李商隐去徐州之前，送给李商隐一首诗，题目叫《重送徐州李从事商隐》。

晓乘征骑带犀渠，醉别都门惨袂初。

莲府望高秦御史，柳营官重汉尚书。

斩蛇泽畔人烟晓，戏马台前树影疏。

尺组挂身何用处，古来名利尽丘墟。

这首诗的前面，对李商隐是有称赞和肯定的，但看最后两句，明显有一种酸溜溜的感觉。或者，就算往好了说，也只能是起到警醒的作用。这虚浮的名利有什么用呢？不过只是一抔尘土而已。你可不要太得意啊！

听听，哪有这么勉励朋友的？明显就是泼冷水。幸好李商隐也不是很在意，告别薛逢，就往徐州去了。

和他料想的差不多，他去之前，卢弘止已经把事情处理得差不多。他到了徐州，需要处理的只是一些琐碎的杂事，偶尔再兼职一下，帮卢弘止写写公文。总体来说，不算是特别困难的工作。

闲来无事，他也经常去附近游玩。徐州有很多名胜古迹，有两个特别著名的地方，薛逢也在诗里提到了，那就是斩蛇泽和戏马台。

斩蛇泽和刘邦有关。据说，秦朝末年，刘邦以亭长的身份，押送劳役去骊山为秦始皇修陵。大家都不愿意去，中途逃走了很多。刘邦管不住，又知道按法律，就算把剩下的人送到，自己作为押送人，也要被砍头。于是就对大家说，干脆一起反了算了。那天晚上，他带着十几个人，在月光下正走着，突然河里窜出一条大白蛇，刘邦镇定自若，把蛇砍成了两段，继续往前走。等他建立汉朝，人们为了纪念他，就在这里修了一座庙，还把那条河称为了"斩蛇泽"。

戏马台和项羽有关。据说，项羽做了西楚霸王以后，定都彭城（即徐州），在城南的一座山上修了一座高台，在上面操练士兵、赛马。这座台子，就被后人称作"戏马台"。汉朝之后，又经历了三国两晋南北朝，诸多文臣武将，都把这当成了一个景点。到了徐州，是一定要去的。

这些地方，李商隐当然都去过。这么有历史底蕴的地方，参观游览，难免又要慨叹一下朝代更替，唏嘘一下个人命运。当然，李商隐当时想的，多数都是好事情，希望自己可以像刘邦、项羽一样，做出一番大事。

总体来说，李商隐在徐州写的诗不多，其中最重要的，是一篇类似于自报家门的诗。在诗里，他写了自己近几年的生活。之所以要写这些，是为了送给同事，试图帮助大家更好地了解自己。

卢弘止这边，在徐州待了一年，基本把事情处理完毕了。朝廷对他很满意，但他身体不好，应该也是在处理军务方面，消耗了大量的时间和精力，觉得心累，不想再待下去，遂请求回洛阳任职。朝廷好不容易找到一个人，才不会轻易放走，没有同意。然而，也不好再把卢弘止留在徐州，就采用了个折中的办法，把他派到汴州，也就是现在的河南开封当刺史。

本来这也是个不错的安排。对卢弘止和李商隐来说都是这样。卢弘止对李商隐向来是不错的，去汴州，也把李商隐带在身边。只可惜，到汴州不久，卢弘止就病死了。他一死，他的幕府自然随之解散，李商隐也只好离开汴州，回到长安。

噩耗一个接着一个。本来，李商隐以为就算工作方面遇到问题，自己再一次失去了府主，无依无靠，但有功名在身，还可以参加吏部的考试，好歹求得一官半职，因此也不算是大挫折。但他回到家中才知道，原来，就在前不久，他的妻子王晏媄也因为病重，最终扔下了三个年纪尚小的孩子，撒手人寰了。

当时正是春夏交际，草长莺飞、欣欣向荣，一切都在往好的方向发展。当初两个人成婚，不也是差不多就在这时吗？转眼间，娇妻香消玉殒，往日的生活也都烟消云散，不复存在了。

虽然古往今来，爱情总是令人无限渴求的，但事实上，真能和一个爱自己、自己也爱的人白头偕老、一生一世，始终都是极少数的幸运。更多的是有缘无分，甚至无缘无分的人。年轻的时候，还不知道什么是喜欢，朦朦胧胧掉进了爱情的陷阱；或者知道两人真心相爱，却因为各种各样的客观原因，最后没法在一起；或者在了一起，感情最终也被时间消磨，过得也是凄凄惨惨。

古时，虽然人们也并不都是短寿，但生命中总有一些东西要抢占爱情的时间和精力。说得明白一点，谁的一辈子都不全是谈情说爱。不仅因为没那个想法，更是因为没那个条件。简而言之，爱情是奢侈品，不是一般人能轻易得到的，就算侥幸得到了，也不是谁都能轻易占有一辈子的。

对李商隐来说，也是如此。虽然后世觉得他特别擅长写爱情诗，但严格说来，那些诗里表达的感情大多比较朦胧，更接近于一种相思之情。而且，很多也不是写给王晏媄的。事实上，他和王晏媄真正相处的时日也不算多。虽然两人结婚很多年，但大部分时间都是聚少离多。所以，他对王晏媄到底是夫妻伦理之情，还是发自内心的爱情，还是很难界定的。

然而，这也是古代读书人的普遍情况，无论如何，李商隐与王晏媄之间，也是有感情的。他们是名正言顺的夫妻，李商隐常年离家在外，她独自一人守在家里，勤勤恳恳地打理家务，还养育了三个孩子，让人挑不出任何毛病。最重要的是，嫁给李商隐之前，她过得虽不是锦衣玉食的生活，但也差不到哪里去。跟了李商隐之后，物质方面，可以说是一落千丈，精神方面，也只有空虚的寄托而已。

古代温柔贤淑的女子大都是这样的，她们的悲剧也大都是这样的。

李商隐也清楚，自己这辈子是不太对得起王晏媄的，所以，王晏媄死后，他很是写了一系列怀念她的诗。比如说，送她回荥阳安葬之后，经过洛阳，借宿在王家的宅子里，他写下了《夜冷》和《西亭》。

夜冷

树绕池宽月影多，村砧坞笛隔风萝。

西亭翠被余香薄，一夜将愁向败荷。

西亭

此夜西亭月正圆，疏帘相伴宿风烟。

梧桐莫更翻清露，孤鹤从来不得眠。

虽然说，这两首诗表达的都是寂寞凄清的感觉，但其中蕴含的感情，却是非常淡的，甚至有一种君子之交淡如水的感觉。远不如他写的其他爱情诗。

与这两首相比，下面这首《题鹅》会更好一点。

眠沙卧水自成群，曲岸残阳极浦云。

那解将心怜孔翠，羁雌长共故雄分。

鉴于上面说过的情况，再加上这些诗，笔者基本可以确定，李商隐对王晏媄之死，还是很悲痛缅怀的。

对于王晏媄的死，令狐绚听说了，自然深表遗憾，对李商隐也多了几分同情。他知道没了王晏媄，李商隐以后的日子应该更难过，于是难得地给他安排了个太学博士的职位。

这个职位，说起来和校书郎差不多，虽然级别高了不少，是正六品，但也是没什么正事的闲职。然而闲职也是有俸禄的，总比一家人一起饿死好吧？现在没人给李商隐管家，他就算愿意外出给人做幕僚，孩子怎么办呢？家里又要扔给谁？

对于令狐绚的所谓"帮助"，李商隐虽然被迫接受，心中必定也是非常不舒服的，只要有别的机会，他还是不会屈从于令狐绚。李商隐现在只是待在家里，一边忙着管家，一边忙着养孩子，没过多久就心力交瘁，身体和精神都吃不消了。

就在这时，柳仲郢找到了他。

第三十章
觥筹交错

柳仲郢这个人，前面也提到过，他是柳公权的侄子，因为会做人，有本事，既被牛党赏识，也被李党拉拢，是实打实地左右逢源，官运亨通。

前不久，他刚被任命为梓州刺史，正在组建自己的幕僚班子。

梓州在如今的四川绵阳境内，离长安不算太远，也不是个坏地方。更何况，如果答应，就又会得到一笔可观的安家费。最重要的是，可以扬眉吐气，打令狐绹的脸。所以，从主观上来说，李商隐是非常想答应的。

但家里的事的确难办，尤其是三个孩子，总不能跟自己一起上路。但这也不是大问题，可以暂时寄养在他们的姨父韩瞻家，也可以住在堂叔李羲叟家，或者两家轮流住也可以。

在此需要说明一点——李羲叟考中进士，很快就被任命为校书郎，也把家搬来了长安。他虽然和李商隐不是亲兄弟，但两人自小一起长大，和亲兄弟也差不多，所以，李商隐对他提出这个要求，并不过分。而韩瞻自不用说，李商隐能和王茂元搭上关系，他功不可没。两人既是同榜进士，又是朋友，还是连襟，关系也不一般。所以，李商隐思前想后，还是答应了柳仲郢。

不过，像上次一样，他没有立刻跟柳仲郢去梓州，而是说，家里还有很多事需要处理，等处理完再去。

这个理由，也算是半真半假。虽然梓州不算太远，也是个好地方，但家里和孩子，是他怎么都放心不下的。

于是，他启程的时间一拖再拖，从夏天一直拖到快冬天，才又上路了。

三个孩子，最终被安排在了韩瞻家里。临行前，韩瞻不仅在家里给他摆酒送行，还把他一路送到了咸阳。

和韩瞻分别后，他独自一人，一路向南，路过大散关的时候，写了一首诗，叫《悼伤后赴东蜀辟至散关遇雪》。他不仅慨叹自己孤独凄凉的命运，还又想起了故去的妻子王晏媄。是啊，这一次离家，除了三个孩子，再也没人会像以前那样，殷切地期盼他回来了。自己又成了孤家寡人啊！

剑外从军远，无家与寄衣。
散关三尺雪，回梦旧鸳机。

过了大散关，李商隐继续向南，顺着嘉陵江，有时走水路，有时走陆路，边走边观赏沿路风光，偶尔也游览一下著名景点。走走停停，最终到了梓州。

柳仲郢已经上任好几个月了，虽然答应给李商隐职位，但李商隐一直没来，位子也不能空着，就让别人干了。尽管如此，见李商隐来了，也没有亏待他，还给了他一个比原来更高一点的职位，让他像以前一样，做了判官。

李商隐对柳仲郢的安排自然也很满意，从此就在梓州安顿下来。

工作方面不难，同事之间也很和谐。柳仲郢重视他，别人自然也不会对他怎么样。人际关系，吃喝应酬也少不了。好在，李商隐多年以来也比较熟悉，虽然主观上可能不太喜欢，但总要应付一下。

酒席上总少不了说说笑笑。时间一长，李商隐听到了很多有意思的，类似于格言或者俗语一类的话。他不禁想起年少时在白居易那里看过的《六帖》。那里面就有很多成语、典故之类的东西，写文章的时候，尤其是写骈文的时候，可以作为资料引用。现在，自己听到的这些话，虽然对写文章可能没多大用，但要是记下来也是很有意思的。

这样想着，李商隐也就更留心了。经年累月，他把这些话编成了两本小册子。一本叫《杂纂》，专记民间俗语；一本叫《蜀尔雅》，模仿《尔雅》的样式，收集了很多四川方言。

只可惜，后一本并没有流传下来，前一本也只有几篇，因为被别人引用了，才保留至今。

除了说说笑笑，既然是酒席，当然少不了吹拉弹唱。在唐朝，从事这些行业的人，和普通百姓的户口是要分开的。他们被称为乐户，要被乐营统一管理。

这些人平时主要的任务，就是等待官方宴饮的召唤。他们虽然社会地位不高，但大多能歌善舞，其中也不乏多情之人。再加上推杯换盏之间，陪酒，或者陪别的，都是很正常的事。因此，无论文官武官，都很容易看上。不过，大多数只是一夜风流，但也有一些真看对眼，给对方赎身，想和对方过一辈子的。

基于这样的情况，又看李商隐不排斥吃喝应酬，好像还在里面如鱼得水，有几分喜欢，再考虑到他妻子死了，柳仲郢就想再照顾照顾他，给他安排个女人。

这女人叫张懿仙，平心而论，在众多类似的女人中，算是出类拔萃的。所以，柳仲郢觉得，李商隐应该不会推辞。又不是真做夫妻，只是找个人伺候他，至于名头和身份，想当成侍女行，当成妾也行，觉得不错，改成妻子也无妨。

这样的好事，为什么不接受呢？

李商隐还就偏偏没接受。

本来，觉得李商隐不会拒绝，柳仲郢单方面也问过张懿仙的意思，张懿仙见过几次李商隐，觉得他是个文质彬彬的人，虽然人到中年，也是个不错的依靠，就没反对。所以，柳仲郢觉得，十有八九，这件事是成了，暗中安排起来，还自作聪明地瞒着李商隐，想等事情办得差不多了，再告诉他。

但世上没有不透风的墙。李商隐终于隐隐约约地听说了。对于这桩在大家眼里的好事，他却不太满意，于是给柳仲郢写了封信，把这件事推辞了。

他推辞的理由是什么呢？明面上是妻子刚死不久，孩子还小，自己身体还不好，不想考虑这方面的事；而且自己虽然热衷于吃喝应酬，不过是逢场作戏，并没有假戏真做的意思；更何况，像张懿仙这样的人才，不应自己独占。

总体来说，这些理由还是比较充分的，尤其是前两条。

实际上，他为什么不想找？很可能，并不是表面说的这些理由，而是因为他思想传统保守，不太喜欢张懿仙的身份，而且和她在一起后，难免又要花钱，承担责任，再加上每天四目相对，吵吵闹闹的事，总是少不了的。自己又不太可能一直在梓州，孩子们还在长安，难道回去的时候，要把她也带上吗？她会对孩子们好吗？到时候，事情又该怎么办呢？

李商隐向来是容易多想的人，在这方面尤其如此。知道了他这个特点，知道他在担忧什么，他如此坚决地拒绝柳仲郢，也就是很正常的了。

当然，他之所以这样做，也可能是因为，眼前的张懿仙让他想起了多年以前的柳枝姑娘。当年，她不也是因为自己临阵脱逃，后来才沦落到和张懿仙差不多，跟了一个大官吗？就算自己接受了张懿仙，她心里喜欢的，大概率也不是自己吧？为什么要这样勉强别人呢？如此得来的感情，李商隐明显是不稀罕的。

　　他的这些复杂的想法，柳仲郢不一定知道。好在尽管如此，柳仲郢总是看得开，不会强迫别人。既然李商隐不愿意，这件事也就轻描淡写地算了。

没过多久，柳仲郢交给李商隐一件公事，让他去成都陪审一个案子。本来，成都和梓州是平级的，但因为这件案子涉及了两个地方，所以柳仲郢这边才要派一个人。

手下这么多人，为什么派李商隐呢？除了看他闷闷不乐、心事重，想让他换个地方、散散心，多出去玩玩外，也是柳仲郢考虑到，当时镇守成都的是杜悰。

杜悰比李商隐大十多岁，是长安人，也是杜牧的堂哥。本来出身就不错，后来还娶了公主，一路做官，风生水起。大体说来，他属于牛党的官员，和牛党头目李宗闵关系不错。

最主要的是，说起来，李商隐也算是他的远亲。所以，柳仲郢才让李商隐去办这件事。

年底，李商隐去了成都。案子处理得很顺利，但和杜牧差不多，杜悰对李商隐本人也没有多大兴趣。虽然李商隐努力和他搞关系，甚至到了阿谀奉承的地步，但杜悰一开始，也就是随意夸两句，后来干脆连话都懒得说。李商隐临走的时候，大家设宴欢送，杜悰都没出席。

但在柳仲郢这边，李商隐干得风生水起。从成都回来不久，原来顶替他位置的人有事走了，他在做判官之余，又做回了柳仲郢本来承诺他的原职。身兼两职，待遇当然更高。

工作之余，李商隐和柳仲郢的私交也不错。闲来无事，两人不仅经常写诗唱和，还一起求仙拜佛。

尽管唐朝始终推崇道教，但佛教也得到了一定程度的传播，早就深入到了大众中间。因此，李商隐年轻的时候，对佛教也有所接触，甚至早在玉阳山学道的时候，就和附近的一些僧人有密切的来往。

简单说来，像大部分的中国文人一样，他对佛教和道教都有一点研究。只不过，就他本人而言，至少在那时，倒不一定是虔诚的道教徒或者佛教徒。

不过，来到梓州后，他还是保留了自己的习惯，经常和道士、僧人往来。

梓州有个道观，叫道兴观，已经有好几百年的历史了。隋朝的时候，曾被一场大火所毁，唐朝初年，才重新建起来。发展了这么久，规模越来越大，最近又扩建了一次。当时掌管道观的是个叫冯行真的道姑，是李商隐的朋友。道观修好后，还请李商隐写过碑文。

相对于道教和道士，在梓州，李商隐和佛教及僧人的关系更密切。很大程度上，这是因为柳仲郢。他自小虔诚信佛，不管到了哪里，都要经常去寺庙。上司如此，作为下属，自然也经常陪同。更别说，李商隐本来也不反感这些。相反，还有浓厚的兴趣。

梓州的北郊有座山，叫长平山，山上有座庙，叫惠义寺，这是座名寺。杜甫住在四川的时候，就经常来游玩，还写过不少诗。如今，柳仲郢、李商隐来到梓州，当然不会错过这里。

寺里僧人众多，更有几位德高望重的老和尚。据说，其中一位还是皇族血脉。一来二去，柳仲郢与他们相谈甚欢，打算在寺里建造一间屋子，专门供奉四位高僧的画像。因为佛教把得道称为"证"，这间屋子后来就被命名为四证堂。

这四位高僧都是谁呢？是一百多年前的两对禅宗师徒。第一对师徒，是益州的无相和无住。无相是新罗国王的三儿子。早在新罗时代，他就已经出家。唐玄宗执政时，他来到长安，受到皇帝接见，之后四处云游，最终定居在四川，受教于处寂门下。

但是，在处寂身边，他只待了两年就去天谷山坐禅了。

天谷山里有条山谷，中间是条小溪，两边是陡峭的石壁，西面的山岩下有个巨大的石洞，无相就在那里独自修行。有一年冬天，忽然来了两只野兽，他一点都不害怕。它们见状，也没有伤害他，反而也住了下来，全心全意地陪伴他。

无相在山里很苦，每天吃不饱，日子一久，衣服也都烂成了布条。这样的日子，他很是过了一段时间，后来终于大彻大悟，不再苦修，除了每五天依然要面壁坐禅，其余时间，便下山漫游。

处寂圆寂前，把禅宗祖师达摩的袈裟传给了他。无相就此留在了四川，深受当地人敬重。无相的弟弟当上了新罗国王，担心他回去抢王位，还不远万里地派人来刺杀他，幸亏有人见义勇为，才最终化险为夷。

安史之乱爆发后，唐玄宗来四川避难，听说无相也在这里，赐给他千亩良田，帮他好好地修了寺院。其实，在此之前，无相就建造了好几座寺院，收了很多徒弟。

在这些徒弟里，无相最看好的就是无住。无住是陕西人，二十岁时当了兵，驻扎在宁夏。他人高马大，很有力气，做过军官，三十多岁的时候，在太原出家，先在五台山修行，后来去了长安，之后回到宁夏待了两年。听说无相的名声以后，千里迢迢赶去求教。无相让无住进山修行，无住听从了，之后也成为了一代高僧。

第二对师徒是道一和智藏。道一是四川人，因为俗姓马，后人也称他为马大师或者马祖。他也是处寂的弟子。后来去了湖南衡山，遇到了一个叫怀让的和尚。

"你为什么要坐禅？"怀让问他。

"我想成佛。"道一回答。

怀让听完，就拿起一块砖头，在砖头上认真地磨起来。

"您为什么要磨砖头？"道一奇怪地问。

"我想要一面镜子。"怀让说。

"砖头怎么能磨成镜子呢?"道一问。

"砖头既然磨不成镜子,坐禅又怎么能成佛呢?"怀让说。

道一听完,恍然大悟,从此不再执迷于坐禅,改为以更加积极主动的方式修行,带来了一股自由活泼的禅宗风气。后来,他离开湖南,去了江西,讲经说法,大受欢迎,收了一百多个徒弟。

在这些徒弟里,他最喜欢智藏。智藏七岁出家,从十三岁就跟着道一,是跟他时间最长的徒弟。道一死后,把衣钵传给了他。

再说回梓州的惠义寺。和尚们听说柳仲郢要修四证堂,自然欢迎。于是四证堂也就建起来了。修好后,还立了一块碑,由李商隐写了碑文。

上司修了四证堂,李商隐也受到启发,想买下藏经院的一小块地方,用金字抄一部《妙法莲花经》,放在那里供奉。和尚们当然也不会拒绝。

经书很快抄完,礼尚往来,李商隐也请柳仲郢写了一篇记文,和经书放在一起。那段时间,李商隐还写了一首《题僧壁》。

舍生求道有前踪,乞脑剜身结愿重。

大去便应欺粟颗,小来兼可隐针锋。

蚌胎未满思新桂,琥珀初成忆旧松。

若信贝多真实语,三生同听一楼钟。

没过多久，幕府中来了个新人，叫杨筹。杨筹比李商隐小两岁，是弘农人，也就是现在的河南三门峡人。他父亲是杨汉公，做过大官。他叔叔杨虞卿做过京兆尹，也是李商隐认识的人。虽然不至于是朋友，好歹有过几面之缘。后来，杨虞卿被贬遂州，死在任上。李商隐还写了几首怀念他的诗。而且，李商隐当过弘农县尉，杨家是弘农的大户，二者自然不可能不产生联系。再加上杨筹的母亲是荥阳人，也算是李商隐的半个老乡。两个人也就更亲热。

前不久，杨筹刚考上进士，来四川投靠柳仲郢。柳仲郢收下了他，让他做了推官。杨筹初来乍到，当然要和大家搞好关系，发现熟人李商隐也在这里，还深受府主看重，自然更要好好相处。出于这样的目的，也的确想学习一番，他来借李商隐之前写过的公文。

有人前来求教，李商隐自然十分高兴。他不仅把之前整理过的《樊南甲集》借给了杨筹，还把之后的这些公文，整理出了四百多篇，编为《樊南乙集》，一并交给了杨筹。

实际上，从那时候起，李商隐的身体就越来越坏。之前，他不过是体弱，现在却越发多病起来。加上独自一人，离家在外，更希望能得到一点关怀和慰藉。虽然他不愿意借助女人来得到这些，但对于朋友，向来都是希望能频繁交流的。早在刚到梓州的时候，他就经常给老朋友温庭筠写信。后来，得知卢献卿死了之后，更是第一时间给温庭筠写了信。

卢献卿是他们共同的朋友。他是范阳人，也就是现在的河北人。这个人的命运也不太好——考试多年不中，后来好不容易考上了，又因为被小人嫉妒，做官诸事不顺，没多久就死了。

为了怀念他，李商隐写了《闻著明凶问哭寄飞卿》，连带着信一起寄给了温庭筠。

昔叹谗销骨，今伤泪满膺。

空余双玉剑，无复一壶冰。

江势翻银汉，天文露玉绳。

何因携庾信，同去哭徐陵？

也许，真是年纪渐渐大了。李商隐出门在外，格外地想念朋友们和远在长安的孩子们，也更容易长吁短叹了。不管眼前的日子多么顺利、舒爽，总透出那么一种寂寞凄清来。

这首《二月二日》正是他在某一年初春写的。虽然当时冬去春来，春色撩人，但他当时的心境，显而易见，是非常沉郁的。

二月二日江上行，东风日暖闻吹笙。

花须柳眼各无赖，紫蝶黄蜂俱有情。

万里忆归元亮井，三年从事亚夫营。

新滩莫悟游人意，更作风檐夜雨声。

所幸，他在梓州的日子，也快要到尽头了——柳仲郢被征调为吏部侍郎，要回长安。他问李商隐，是想留在梓州，还是跟自己一起回去。

李商隐当然选择了后者。

第三十二章
落叶归根

在梓州待了五年，转眼，李商隐也是四十多岁的人了。虽然以现在的眼光看，他最多是中年，以后还有不少年岁好活，但从李商隐的角度说，不管是从身体还是心理，都已经是日薄西山了。

落叶总是想归根的。虽然长安不一定是他的根，但梓州更不是。

既然已经决定离开，就要着手告别了。和各位官员告别，和一众僧人告别，和当地朋友告别……行李倒是好收拾，除了换洗衣服，就是诗词公文。

新年刚过，李商隐和柳仲郢一起离开了梓州，一路往长安去。路上，李商隐的心情应该是比较愉悦的，但这种愉悦里也隐藏着深深的无奈。

到了长安又能怎么样呢？自己的前途又在哪里？眼看大半辈子过去了，之后的人生，到底要怎么过才好？

在这种心情下，他们又路过了圣女祠。想当年，自己第一次路过这里，还是护送令狐楚的灵枢回长安。如今，快二十年过去了，故地重游，难免有很多感慨。

诸多心情，都被李商隐写在了这首《重过圣女祠》里。

白石岩扉碧藓滋，上清沦谪得归迟。

一春梦雨常飘瓦，尽日灵风不满旗。

萼绿华来无定所，杜兰香去未移时。

玉郎会此通仙籍，忆向天阶问紫芝。

二十多年了，圣女，你住的地方早就长满了苔藓，显得陈旧破败。眼看沦落到这个地步，怎么还没有回到天上，坐到你应坐的位置上呢？萼绿华和杜兰香不都是你的同伴吗？你看她们，过得多么逍遥自在啊！当初，我第一次见你的时候，也希望能够飞黄腾达，然而现在呢？还不是一事无成？我们可真是同病相怜啊！

人生走到了这一步，真不知道到底是活着更痛苦，还是死了更痛苦。这些年，不仅李商隐自己在走下坡路，他的朋友们也一个又一个地离开了人世。是该庆幸自己还活着，还是该羡慕那些终于不用再遭罪的朋友们？

真是矛盾的问题。

但是，只要还活着一天，就有数不清的事情需要处理。李商隐回到长安，先是去了韩瞻家，把三个孩子领回来，再照例拜访各位朋友，把带回来的特产分给大家。

令狐绚自然也是避不开的。不过，这时候，令狐绚已经做了宰相，更忙了。本来，就算不忙，令狐绚也不怎么想见他，有了这个由头，也就让李商隐等得更久，不过，两个人好歹最终是见面了。

总不过是表面的关系，维持一下，也就算了。

柳仲郢却始终没忘了李商隐。本来，他是回长安当吏部侍郎。吏部是专管大小官吏的，借着手上的权力，给李商隐安排个什么，自然非常轻松。只可惜，还没来得及安排，他就被改派为兵部侍郎，充诸道盐铁转运使。

早在汉代，盐就被国家专管，因为盐是生活必需品，卖盐是稳赚不赔的买卖。每年，朝廷从这里面得到的收入，足足抵得上几百个州府的赋税。

盐铁转运使的大本营在扬州，下面管着上百个盐场，手下大小官员数不胜数，安排一个李商隐，自然也不在话下。柳仲郢很快也真的这么办了。他把李商隐安排成了手下一个盐铁推官。虽然这个职位需要管理的大小事务很多，像李商隐之前当的县尉一样，但总算柳仲郢一片好意，工资也不低，于是，李商隐满怀感激地答应了。

只可惜，他的身体一天比一天差，没做多久，就又请假回了长安。不过，这段时间，他也想明白了一些事。比如说，以自己的现状和能力，实在没法继续留在长安。也许，过不了多久，自己就会驾鹤西归，到时候，剩下孤苦伶仃三个孩子，还不如自己小时候，至少有寡母在身边，可以把父亲的灵柩送回老家安葬。现在，王晏媄死得早，自己要是不在了，这三个孤儿，要怎么把自己运回荥阳呢？免不了还要麻烦堂弟李羲叟，或者，就连韩瞻也不得不来帮忙……

想想还是算了吧！

与其死了麻烦别人，不如活着的时候，把能处理的都处理好。

抱着这样的想法，李商隐处理了樊南的房子，暂时带着孩子，搬到了长安的永崇里。之所以如此，是因为他很清楚，这次一旦离开长安，可能就是永别。所以，离开前，他打算把想走的地方都走一走，让人生的最后不要留下太多遗憾。

永崇里挨着靖善坊的大兴善寺，那里的知玄和尚是李商隐的老朋友。李商隐多次希望在寺里出家，但知玄认为李商隐尘缘未尽，总是婉拒。尽管如此，后来李商隐还是经常去寺里听讲。

除了大兴善寺，李商隐也去过昭国坊，那里有李十将军的故居。当初，正是在那里，他认识了王晏媄，新婚时，他们夫妇也在那里住过一段时间。

兴庆宫、曲江池、乐游原……更是李商隐常去的地方，著名的《乐游原》就创作于这一时期。

向晚意不适，驱车登古原。

夕阳无限好，只是近黄昏。

眼看自己就要像夕阳一样了啊！不过，平心而论，现在的生活还是不错的。如果能早一点过上这样的日子，该多好啊！

虽然发出了类似的感慨，但李商隐自己也清楚，这不过是一种美好的期望，倒退几十年，也是绝对不可能实现的。

在长安，李商隐一直待到元宵节之后，才依依不舍地带着孩子离开了。

真是个好地方。如果有条件，他当然愿意让孩子留在长安发展。无奈造化弄人，自己这一辈子，从小到大都是拼命想要留在长安，甚至一度把家搬到这里，但是，最终还不是黯然离去了吗？不知道孩子们长大以后，还会不会有机会来到这国家的中心呢？他们的未来，又会是什么样的呢？

路上，李商隐难免考虑这些问题。中途，他也按照自己的惯例，又在洛阳停留了几天。他之所以这么做，当然也是因为想要试图再用一下王家的人脉，至少，要借机巩固一下。否则，自己带着孩子这么一走，对自身而言，洛阳，应该也是再也见不到了。能最后看两眼总是好的。而自己死后，王家人还认不认这些外甥、外甥女，也真成了问题。

所幸，在当时，王家人对李商隐和三个孩子还算热情。知道他们来了，不止安排了丰盛的家宴，还妥当地让他们住下。当晚，李商隐就住在王晏媄的闺房里，本来就有诸多心事，再加上触景伤情，一个晚上，几乎又是没有合眼。

离开洛阳，他们继续上路，走了几天，终于回到了荥阳。虽然是老家，但房子空了好久没人住，总要打扫整理，尽管有亲戚们帮忙，等彻底安顿下来，李商隐还是累病了，养了好一阵子。

总是外出做过官的人，自小又有文名在外，李商隐回来后，很多人都来请他写墓志铭一类的东西，但他实在力不从心，也就总是谢绝。实际上，就连儿子李衮师的学业，他都没法亲自指导了，只好把他送到一个亲戚那里读书。

多年以前，李商隐不也是这样，求教于处士叔吗！历史竟是惊人地相似。

李衮师的姐姐差不多成人了，暂时还没人来提亲。小的还不到十岁，没什么问题，好好养着就行了。

到目前为止，李商隐终于过上了平静的闲居生活。再也不用想着功名利禄，建功立业。他甚至都不怎么去回顾之前写过的公文了，虽然偶尔还写写诗，却也不那么执着，想记下来，就随手记记，记不下来的，也就随它去了。

总体说来，在生命最后的时光里，李商隐终于得到了内心的平静。不再为了个人的发展，逢迎他人；也不再想着争争斗斗，企图飞黄腾达；更不用被凡尘俗事纠缠，非要求自己做到怎样怎样，证明给谁看。虽然还是有一些无奈，有一些感慨，但大体来看，已经清淡如烟，转瞬即逝。

在这一阶段，他的诗不仅一改当年频繁用典、晦涩难懂的风格，开始变得明白如话起来，甚至难得地带了一点清澈和愉快，比如说这首《早起》。

风露滟清晨，帘间独起人。
莺花啼又笑，毕竟是谁春？

下面这首《细雨》，表达的也是类似的感情。

潇洒傍回汀，依微过短亭。
气凉先动竹，点细未开萍。
稍促高高燕，微疏的的萤。
故园烟草色，仍近五门青。

当然，对于自己一生的际遇，他还是有一些惆怅，但更多的是放手，不会硬抓着什么不放，更不会强迫自己、埋怨自己。在《有感》里面，一句"劝君莫强安蛇足"，表达得是多么清楚！蛇就是蛇，蛇就要有蛇的命运，与其过得扭曲，画蛇添足，还不如坦然接受自己的命运。世事终归强求不得，否则，兜兜转转一圈，最后又得到了什么呢？

中路因循我所长，古来才命两相妨。

劝君莫强安蛇足，一盏芳醪不得尝。

如果说，在李商隐的晚年，还是写了用典华丽的诗，就要数这首流传千年、脍炙人口的《锦瑟》了。

锦瑟无端五十弦，一弦一柱思华年。

庄生晓梦迷蝴蝶，望帝春心托杜鹃。

沧海月明珠有泪，蓝田日暖玉生烟。

此情可待成追忆，只是当时已惘然。

这首诗写的依然非常朦胧，但表达的感情是很浓烈的，千百年来，一直被人用不同的视角解读着。有人说，这是怀念令狐家的一位女子；有人说，这说的是音乐的四种境界；有人说，这是在纪念死去的妻子王晏媄……实际上，李商隐到底是在什么心境下写的这首诗，为谁写的这首诗，都已经不重要了。

这首极美极为晦涩的诗，说成是李商隐一生的写照也并不过分。

是啊，锦瑟为什么要有五十根弦呢？这每一根弦，都能让我想起那些逝去的华年。本来我是逍遥自在的庄子，无忧无虑地生活在山野之间，谁知道这样的岁月稍纵即逝。后来，我又成为忧思的望帝，为了百姓和天下，希望做出一点事业。谁知道，最后不过是一句子规啼，不如归去，不如归去！不过，我这一生，也算是有些福气。毕竟，我有过珠玉一样的感情，其中有快乐，有伤心，但无论如何，我身在其中，非常享受。而这些感情，也是弥足珍贵的。活到现在，也许，只有一点可惜吧，那就是，为什么只能在现在，一遍又一遍地追忆呢？当初为什么没有意识到，迷茫地对待了这些呢？如果能早一点认识到这些，该多好啊！如果真是这样，我当时一定不会白白浪费那些光阴……

公元858年冬天，李商隐在家里安静去世，享年四十五岁。他的去世并没有引起人们的震动。按照惯例，逝后，像任何一个普通人一样，被埋葬在家族墓地里。

可能，只有一个叫崔珏的人，写了一首悼念他的诗《哭李商隐二首》。

成纪星郎字义山，适归黄壤抱长叹。

词林枝叶三春尽，学海波澜一夜乾。

风雨已吹灯烛灭，姓名长在齿牙寒。

只应物外攀琪树，便著霓裳上绛坛。

虚负凌云万丈才，一生襟抱未曾开。

鸟啼花落人何在，竹死桐枯凤不来。

良马足因无主踠，旧交心为绝弦哀。

九泉莫叹三光隔，又送文星入夜台。

的确，李商隐这一生，是名副其实的"虚负凌云万丈才，一生襟抱未曾开"。这么有才华的人，却始终未得到大展宏图的机会，白白蹉跎了一生。

有点讽刺的是，像诸多中外名人一样，虽然李商隐在活着的时候，没有受到足够的重视，但在他死后，尤其是在宋朝，他不仅被列入史书里面，还被各位学士狂热地喜爱着。他们不仅把李商隐的诗奉为至宝，千方百计地四处搜罗，为他编诗集，还有很多人给他的诗作注。

属于李商隐的时代终于到来了，但对一生穷困的李商隐本人来说，又有什么实际的益处呢？

无论如何，李商隐这一生，彻底画上了句号。千百年来，有批评他的，有赞扬他的，对于他的诗文，大家也各持意见，莫衷一是。

这也是自然，别说只是一代文人李商隐，哪怕是王侯将相，千秋功业，也自有后人评说。

毕竟，李商隐就在那里，谁又能管住后人的嘴呢？